चार ऐतिहासिक दलित नाटक

चार ऐतिहासिक दलित नाटक

रत्नकुमार सांभरिया

वाणी प्रकाशन

प्रकाशन के उत्कृष्टतम 63 वर्ष

पेपरबैक पहला संस्करण : 2026

vaniprakashan.com

वाणी प्रकाशन

4695, 21-ए, दरियागंज, नयी दिल्ली-110 002

फ़ोन : + 91 11 23273167, 23275710

शाखाएँ

अशोक राजपथ, पटना-800 004, बिहार

कॉफ़ी हाउस कैम्पस, महात्मा गांधी मार्ग, प्रयागराज-211 001, उत्तर प्रदेश

महात्मा गांधी अन्तरराष्ट्रीय हिन्दी विश्वविद्यालय, वर्धा-442 001, महाराष्ट्र

sales@vaniprakashan.in
vaniprakashan@gmail.com

Char Etihasik Dalit Natak
by Ratnkumar Sambhariya

ISBN : 978-93-7348-648-2
Play

मूल्य : ₹ 350

आर. टेक ऑफ़सेट, दिल्ली-110 032 में मुद्रित

वाणी प्रकाशन का लोगो मक़बूल फ़िदा हुसैन की कूची से

देश के शहीदों के लिए

मेरी बात

मंचेय नाटक दृश्य अभिव्यक्ति का सशक्त माध्यम है। नाटक की थीम (कथावस्तु) दलित-अस्मिता और दलित-चिन्तन से जुड़े मुद्दों जातिभेद, छुआछूत, शोषण, अत्याचार, दलन, उत्पीड़न, आरक्षण, वास और पुनर्वास पर केन्द्रित होगी, तभी वह नाटक 'दलित नाटक' कहलाने का अधिकारी होगा। सामाजिक मूल्यों के अन्तर्द्वन्द्व, दलित-वंचित समाज और आमजन में जागृति पैदा करने का मूल ध्येय हो तथा इन वर्गों के पात्रों में जीवट, जज़्बा और जिजीविषा पैदा करने का उन्मेषीभाव होना चाहिए। श्लीलता उसका आभूषण है।

एक सिक्के के दो पहलू होते हैं। दोनों पहलुओं के बराबर खरा रहने पर ही सिक्का प्रचलन में रह पाता है। नाटक के साथ भी यही है, यानी रचना और रंग। ये दोनों एक-दूसरे के पूरक हैं। नाटक चाहे कितना भी साहित्यिक और पठनीय हो, वह रंगमंच के बिना अधूरा है। कहना होगा कि नाटक का आकलन दर्शकों की दृष्टि पर निर्भर करता है, न कि पाठकों की सोच पर। दलित नाटक को तो और भी समर्थ होना है, तभी दर्शक उसे आत्मसात कर पायेंगे। दलित पात्रों का रिरियाना, गिड़गिड़ाना, टूटना, समझौतापरस्त होना, समर्पण के लिए तैयार हो जाना, दलित नाटक की रचनाधर्मिता नहीं है।

रंग-कर्म नाटक का प्राणतत्त्व है। व्यंजनात्मक अभिव्यक्ति हृष्ट-पुष्ट शरीर की भाँति नाटक की प्रभावशीलता का निर्माण करती है। नाटक में भाव-भंगिमाओं या भाव-प्रवणता का वैसा ही स्थान है, जैसा कि विभिन्न अंगों का संचालन। अंगाभिव्यक्ति के बिना संवाद अधूरा है। संवाद नाट्य-कर्मी के हावभाव और अंगों के क्रियाकलापों से ही नाटक की जीवन्तता है। यह कार्य नाटककार के द्वारा नाटक में दिये गये कोष्ठकों के सूक्ष्म संकेतों

के साथ नाट्य-प्रवीण निदेशक पर निर्भर करता है कि वह रंगकर्मियों की भावाभिव्यक्तियों के द्वारा नाटक के कथोपकथनों से साथ किस सहजता से तालमेल बैठाता है। नाटक का मंच पर जी उठना अनिवार्य है, यानी रंगमंचीय प्रतिमानों के बिना नाटक का समग्र मूल्यांकन आज सम्भव नहीं है। दलित नाटक के भी यही आयाम हैं।

दलित पृष्ठभूमि पर लिखे गये नाटक की रचना चाहे दलित ने की हो या ग़ैर-दलित ने, नाटक में नाट्य-विधा की समग्रता (रचना-सृष्टि और रंग-दृष्टि) तथा मौलिकता अनिवार्य है। यथेष्ट नहीं कि नाटककार स्वानुभूत हो, तथापि यदि ऐसा हो तो नाटक के सृजन के लिए नाटककार की दृष्टि सम्पन्नता बढ़ जाती है। नाटककार कथानक के चयन में जितना दक्ष और पात्रों के मनोभावों से जितना विज्ञ होगा, उसकी नाट्य-सम्पदा उतनी ही समृद्ध बन पड़ेगी। दलित नाटक की दृष्टि से यदि नाटककार और नाट्य-निर्देशक उभय स्वानुभूत हैं, तो नाट्य-रचना और मंच-प्रस्तुति दोनों सन्दर्भों में सम्पूर्णता आयेगी। जीवन व्यावहारिकता के चलते उसका प्रभाव बढ़ जायेगा और दर्शकों को उनके मनोनुकूल रसानुभूति की प्राप्ति होगी। यदि ग़ैर-दलित, दलित पृष्ठभूमि पर नाटक सृजन हेतु संकल्पित होता है, तो उसमें स्वानुभूति जैसी जिद भरी निष्ठा ज़रूरी है। आशय यह है कि जिद में संकल्प निहित होता है, और उसी के मद्देनज़र दलित नाटक के साथ न्याय हो पायेगा। गोया दलित नाटक में अस्मिता, संघर्ष और चेतना की त्रिवेणी प्रवाहित करना कलमनिगार का पहला धर्म है। देशकाल या संकलनत्रय (समय, स्थान, कार्य) का निर्माण अनिवार्य है।

दलित नाटक में रंगानुभव और जीवनानुभव दोनों महत्त्वपूर्ण हैं। समाज संरचना के अन्तर्सम्बन्ध, पात्रों के संवादों के माध्यम से अभिव्यक्त होते हैं। भाषा और संवाद का सन्तुलन पात्रों के चारित्रिक विकास का निर्वहन करता है। दलित नाटक में बड़ा परिवर्तन आया है। यह बदलाव संविधान, समय और संवेदनात्मक सोच-प्रदत्त है। जबकि नाट्यालोचना के अभाव में दलित नाटकों की सृजना का अपेक्षाकृत प्रचार-प्रसार नहीं हो पाया है। इसका कारण दलित नाट्य-समीक्षकों की कमी और ग़ैर-दलित नाट्य-समीक्षकों की संकुचित मानसिकता और हीनभावना रही है। दलितों के पास अपने थिएटर अथवा रंगमंच, ड्रामा आर्टिस्ट या कलाकार, नाट्य-संस्थाएँ अथवा रंग-मण्डलियाँ अवलोकन

या प्रदीपन ऑपरेटर, कास्ट्यूम डिजाइनर (वेशभूषा निर्धारक) हैं। नाटय विधा की तात्त्विक विवेचना के निकष पर खरे उतरने वाले, चुनौतियाँ स्वीकारते या चुनौतियाँ देते दलित नाटक लिखे गये हैं। बावजूद इसके राष्ट्रीय नाट्य विद्यालय (National School of Drama) या श्रीराम थियेटर जैसे राष्ट्रीय रंगमंचों पर अभिनीत नाटकों के तथ्यों के आलोक में दलित नाटक नगण्य हैं। उम्मीद बँधती है कि बदलते परिवेश में यह मिथ टूटेगा और दलित रंगमंच रोशन होगा।

दलित नाटक की पहली शर्त उसका मिशनोन्मुख होना है। मिशन के अनुकूल ही नाटककार का विज़न हो, क्योंकि बिना विज़न मिशन सर्वव्यापी नहीं होता। दलितों-शोषितों एवं वंचितों के अँधेरे पक्ष की हू-ब-हू अभिव्यक्ति मात्र दलित नाटक का लक्ष्य नहीं है। यह महज परिस्थितिजन्य फोटोग्राफी होगी, सृजनात्मकता (Creativity) नहीं। फ़ोटोग्राफी में दर्पण का बिम्बीय भाव परिलक्षित है, जागृति का मार्ग प्रशस्त नहीं होता।

यह भी कि 'साहित्य समाज का दर्पण है,' जुमला दलित समाज की कसौटी नहीं है। दलितों के अन्तरे कोने में अँधेरा रहा है। अँधेरे में प्रत्येक वस्तु अँधेरे में तब्दील हो जाती है। दर्पण भी। 'साहित्य समाज का दर्पण है' की जगह 'साहित्य समाज का दीपक है, समीचीन जान पड़ता है। अभिनेय नाटक में दर्पण का नहीं, दीपक का चेतना भाव निहित हो।

नाटकों का सृजन करते मद्य, द्यूत या व्याभिचार का किरदार प्राय: दलित-वंचित होता है। व्यसन का आदी होना व्यक्ति की प्रवृत्ति से जुड़ा आयाम है, किसी जाति, वर्ग, धर्म या समुदाय में सन्नद्ध नहीं। इस पक्षपातीय अवधारणा को निर्मल करने की दरकार है। गोया दलित नाटक सरोकारों का कलारूप है। इसका सृजन दर्द पी कर दवा होना है। दवा का स्वाँग करना नहीं। यहाँ स्वानुभूति और सहानुभूति का भेद दृष्टिगोचर है। दलितों-शोषितों-वंचितों के दुःख-दर्द, कष्ट-दुश्वारियाँ, ब्राह्मणवाद की देन है। दलित नाटक का उद्देश्य ब्राह्मणवाद के साया से निजात दिलाना है।

दलित नाटक का ध्येय शास्त्रानुकूल मूल्यांकनों का अनुगमन, काव्य-शास्त्रीय पद्धतियों का अनुसरण या चातुर्वर्ण्यव्यवस्था का पोषण करना नहीं है, उसे दलित-शोषित समाज की संरचना को आज की परिस्थितियों में विकास के अनुरूप प्रतिपादित करना है। दलित नाटक वह है, जिसमें रक्त-संचार की भाँति

चेतना का संचार होता हो। यहाँ तिलिस्म, फरेब, प्रेम-प्रसंग, माला-कमण्डल, मूर्ति-मण्डन, तिलक-त्रिपुण्ड, आकाशीय कल्पनाओं, पौराणिक उपाख्यानों, धार्मिक आडम्बर के उपमानों, ईश्वर-शास्ता, देवी-देवताओं के बखानों, मठ-मन्दिर, स्वर्ग-नरक, आत्मा-परमात्मा की अवधारणाओं, महन्त-बाबाओं की प्रार्थनाओं के लिए कोई जगह नहीं है। सामाजिक धरातल पर भारतीय समाज अज्ञानता, अन्धविश्वास और असमानता के सिद्धान्त का प्रतिनिधि रहा है। धर्मभीरुता गहरे पैठी है। इसके चलते समतामूलक समाज की भावना और सामाजिक समरसता पनप नहीं पायी। इन वर्जनाओं को तोड़ना दलित नाटक का मूल भाव है। विषमताओं से मुकाबला और संघर्ष के लिए तत्परता उसकी गुण-ग्राह्यता है।

तीन वाद साहित्य के केन्द्र में हैं। मार्क्सवाद, गांधीवाद और अम्बेडकरवाद। साहित्य की अन्य विधाओं की भाँति नाटक भी इन वादों के गिर्द है। काल मार्क्स वर्ग के हिमायती थे। यानी अमीर-ग़रीब के बीच जो वर्गगत खाई है, उसे पाटा जाये। मार्क्स का कार्य क्षेत्र रूस रहा है। वे भारत के वर्णगत समाज से अनभिज्ञ रहे हैं। यहाँ अमीर-ग़रीब की खाई से कहीं ज़्यादा भयावह जात-पात और अस्पृष्यता से बजबजाता नद है। यह नद वर्ग के वज़ूद को स्वयं में समाये हुए है। गांधी जी का चातुर्वर्ण्यव्यवस्था में अटूट विश्वास था और वे इसे हिन्दू समाज की 'रीढ़' कहते परायण थे। विपरीत इसके डॉ. अम्बेडकर वर्णव्यवस्था में लेशमात्र भी यकीन नहीं करते थे। वे इसे हिन्दू समाज का 'कोढ़' कहते संकल्पित थे। रीढ़ और कोढ़ का यह अन्तर विचारधारा और प्रतिबद्धता से जुड़ा है। दलित नाटककारों को रीढ़ और कोढ़ के निहितार्थ को समझना और परखना होगा। वर्णव्यतस्था को कोढ़ कहना जहाँ चेतना का द्योतक है, इसे रीढ़ प्रतिपादित करना दकियानूसी का उद्घाटन।

दलित नाटक का रूपबन्ध भावबोध की तपोभूमि है। चेतना की ताप हर दलित के अन्तस तक पहुँचना उसका लक्ष्य है। यहाँ गणना (Quantity) नहीं, गुणवत्ता (Quality) की महत्ता है। दलित नाटक की ज़मीन उसकी प्रामाणिकता है। शिक्षा, पद, विकास और पुनर्वास के साथ आज का सच उजागर होना चाहिए। उसे प्रयोगधर्मी होने की बजाय यथार्थवादी होना है।

कहना होगा कि आज़ादी के प्रथम स्वतन्त्रता संग्राम तथा आज़ादी की लड़ाई में प्रत्येक वर्ग-समुदाय ने बिना कोई भेदभाव किये क़ुर्बानी दी थी। इनमें दलित वर्ग के आन्दोलनकारी भी शामिल थे। दलित क्रान्तिकारियों की भूमिका सिर्फ़ समर्थन तक ही सीमित नहीं रही, बल्कि उन्होंने संघर्ष और बलिदान के माध्यम से आज़ादी की लड़ाई को सशक्त और प्रभावशाली बनाया।

संकलित चार ऐतिहासिक दलित नाटकों के नायक अपनी इसी भूमिका के कारण आज अमर हैं। उनका बलिदान देश के लिए एक महत्त्वपूर्ण योगदान रहा। वीरवर वीरा पासी अवध के बैसवारा के शंकरपुर रियासत के राणा वेणी माधव सिंह की सेना में अंगरक्षक तथा सेनापति थे। उन्होंने अपने देश के लिए प्राणों की आहुति दी। शहीद माता दीन हेला 1857 की क्रान्ति के जनक माने जाते हैं, जबकि उसके नायक मंगल पाण्डे थे। माता दीन हेला को मंगल पाण्डे से पहले फाँसी दी गयी थी। इन दोनों क्रान्तिकारियों को 08 अप्रैल, 1857 को फाँसी पर चढ़ा दिया गया था। माता दीन हेला को एक घण्टा पहले और मंगल पाण्डे को एक घण्टा पश्चात। इसी प्रकार झाँसी की रानी लक्ष्मीबाई के दुर्गादल की सेनापति झलकारीबाई ने भी अंग्रेज़ों से लोहा लेते हुए अपने प्राण न्योछावर कर दिये।

महात्मा गांधी के नेतृत्व में देशभर में स्वाधीनता आन्दोलन की मुहिम जारी थी। प्रजामण्डलों के माध्यम से इस मुहिम को गति प्रदान की जा रही थी। राजशाही और अंग्रेज़ी सत्ता दोनों ही देश की आज़ादी के ख़िलाफ़ थे, लेकिन देशप्रेम के दीवाने अपनी जान हथेली पर लेकर आज़ादी की जंग में कूद पड़े थे। अन्ततः इन रणबाँकुरों का बलिदान तथा योगदान रंग लाया और देश को आज़ादी मिली। राजस्थान के बीकानेर राज्य के ऐसे ही एक दलित क्रान्तिकारी थे, जिन्होंने आज़ादी की लड़ाई में अपने प्राण न्योछावर कर दिये, उनका नाम शहीद बीरबल सिंह जीनगर था। ये चारों ही नाटक इसी कथानक पर बुने गये हैं।

सुधी पाठक इन नाटकों को पढ़कर अपनी समीक्ष्य राय से अवगत करायेंगे। इसी आशा और अपेक्षा के साथ। वाणी प्रकाशन के मालिक श्री अरुण माहेश्वरी का हृदय से आभार जिन्होंने इन ऐतिहासिक दलित नाटकों को प्रकाशित कर पाठकों तक पहुँचाने का स्तुत्य कार्य किया।

–रत्नकुमार सांभरिया

अनुक्रम

वीरवर वीरा पासी

वीरवर वीरा पासी

पात्र परिचय

वीरा पासी	-	उम्र 18 वर्ष
बतसिया	-	वीरा की बहन, उम्र 22 वर्ष।
वेणी माधव सिंह	-	शंकरपुर रियासत का राजा, उम्र 46 वर्ष।
चैम्बरलेन	-	अंग्रेज़ी सेना का लेफ्टिनेंट, उम्र 52 वर्ष।
बुलवर	-	अंग्रेज़ी सेना का जूनियर अधिकारी, उम्र 34 वर्ष।
चन्द्रलेखा	-	वेणी माधव सिंह की पत्नी, उम्र 42 वर्ष।
सुफला	-	वेणी माधव सिंह के प्रासाद की दासी, उम्र 16 वर्ष।
कीरत सिंह	-	वेणी माधव सिंह का अंगरक्षक, उम्र 55 वर्ष।
भाल सिंह	-	वेणी माधव सिंह का अंगरक्षक, उम्र 40 वर्ष।
अन्य पात्र	-	प्रहरी, दरबान, दीवान, बाँदी तथा अन्य।

अंक-एक

दृश्य-एक

सूत्रधार : *(सहज स्वर में)* अवध के बैसवारा को कलम और कृपाण का क्षेत्र कहा जाता है। यहाँ शंकरपुर रियासत के राणा वेणी माधव सिंह ने 1857 की आज़ादी की लड़ाई कई मोर्चों पर लड़ी और हर मोर्चे पर अंग्रेज़ों के दाँत खट्टे करते रहे। अंग्रेज़ उनकी रणनीति और युद्धकौशल के बेहद कायल थे। राणा अपनी अन्तिम साँस तक स्वतन्त्र रहे। बैसवारा के इसी क्षेत्र के जोधवारी गाँव में वीरा पासी का जन्म हुआ था। बचपन में ही उसके माता-पिता का देहान्त होने पर वह बहन बतसिया की ससुराल भीरा गोविन्दपुर गाँव में आकर रहने लगा। युवावस्था में उसने वेणी माधव सिंह की सेना में भर्ती होने का निश्चय किया। वीरा पासी के फ़ौलादी शरीर और राणा जी के द्वारा ली गयी भर्ती परीक्षा में सफल हो जाने पर उन्होंने उसे अपना अंगरक्षक और तत्पश्चात सेनापति बनाया। अंग्रेज़ उसकी वीरता से इतने खफ़ा थे कि वीरा पासी को पचास हज़ार का इनामी घोषित कर दिया। उसने देश के लिए लड़ते हुए अपने प्राणों की आहुति दे दी। वेणी माधव सिंह ने अपनी श्रद्धांजलि अर्पित करते हुए उसे 'वीरवर' की उपाधि दी थी।

(प्रात:काल। पर्दा उठने पर वीरा पासी ज़मीन पर बैठा दिखाई देता है। उसके कसरती बदन पर पसीना चुहाया है। बनियान और ऊँची-सी धोती पहने हुए है। मूँछें आई हैं, दाढ़ी खुँटियायी है। कद छह फ़ीट, उम्र 18 वर्ष है। कसरत करने के बाद वह मिट्टी के सकोरे में रखे अंकुरित चने खा रहा है। चने ख़त्म हो जाने के बाद वह अपने दोनों हाथ मोड़कर, भुजाओं की उठीं मछलियाँ निहारता है। उसकी बहन बतसिया दूध का गिलास लेकर आती है। गठीली काया। गेहुँआ रंग। अवध की गँवई महिला जैसा उसका लिबास है।)

वीरा पासी : *(भुजाओं की ओर देखकर)* हुँ...हुँ...उँ...उँ... हुँ...हुँ...।

बतसिया : *(वीरा की ओर देखते हुए)* अरे वीरना, अपनी बाँहें देखते हुँ...हुँ...उँ...उँ... हुँ...हुँ...किये जाते हो। लो दूध पी लो बकरी का। नित दूहा है। गुड़ डालकर ओटाया है।

वीरा पासी : *(पूर्ववत)* हुँ...हुँ...उँ...उँ... हुँ...हुँ...।

बतसिया : *(ऊँचे स्वर में)* वीरना दूध पी लो, ठण्डा हुआ जाता है।

वीरा पासी : *(भुजाओं को देखते हुए)* हुँ...।

बतसिया : हुँ...क्या, दूध पी लो। कहा न दूध पी लो।

वीरा पासी : हुँ...।

बतसिया : कहा न दूध पी लो।

वीरा पासी : *(पूर्ववत)* हुँ...।

बतसिया : *(व्यंग्य)* अगर तुम्हें अपनी इन भुजाओं पर इतना ही नाज़ है और दमखम है तुम्हारी देह में, तो जाओ शंकरपुर जाओ। राणा जी की फ़ौज में भर्ती हो जाओ।

वीरा पासी : *(चौंककर)* राणा जी की फ़ौज में भर्ती हो जाऊँ?

बतसिया : हाँ...हाँ, तुम्हारी जवानी का यह नशा धरा का धरा रह जायेगा।

वीरा पासी : *(मुँह आधा खुला हुआ)* हें...।

बतसिया : हें...नहीं हाँ, वे जिस जवान को अपनी सेना में भर्ती करते हैं, उसकी अग्नि परीक्षा लेते हैं।

वीरा पासी : *(आश्चर्य और उत्साह से)* अग्नि परीक्षा? वह क्या?

बतसिया : अरे वीरना! भर्ती होने के लिए आये जवान की छाती पर राणा जी जमा कर दो घूँसे मारते हैं। तुम्हारी छाती पर उनके हथौड़े जैसे दो घूँसे पड़ेंगे न, पहलवानी धरती सूँघ जायेगी। बेहोश हो कर गिर पड़ोगे, वहीं।

वीरा पासी : *(दोनों हाथों की मुट्ठी बाँधकर)* बहन बतसिया राणा जी के दो घूँसे खाकर भी नहीं गिरा तब?

बतसिया : समझो तुम उनकी अग्नि परीक्षा में पास हो गये। अपनी सेना में भर्ती कर लेंगे, तुम्हें।

वीरा पासी : *(आवेश में उठते हुए)* बहन मैं शंकरपुर जाता हूँ। राणा जी की सेना में भर्ती होकर लौटूँगा, तभी पीऊँगा, तुम्हारे हाथ का दूध।

(वीरा पासी झट क़मीज पहनता है और मंच छोड़ देता है। बतसिया वीरना रुको...वीरना रुको-रुको कहती हुई उसके पीछे भागती है। वीरा अन्तर्धान हो जाता है।)

प्रकाशलोप के साथ पर्दा गिरता जाता है।

दृश्य-दो

(वेणी माधव सिंह का कक्ष। वेणी माधव सिंह कुर्सी पर बैठे हैं। सुसज्जित कक्ष के फर्श पर कालीन बिछा हुआ है। आमने-सामने की दीवारों पर बड़े-बड़े दो चित्र नज़र आते हैं। एक चित्र में महाराणा प्रताप अपने घोड़े पर बैठे हाथ में भाला थामे हैं। दूसरे चित्र में अश्वारूढ़ शिवाजी के हाथ में नंगी तलवार है। ज़मीन पर पड़ा एक युवक ज़ोर-ज़ोर से साँस ले रहा है। घुण्डीदार मूँछोंवाला अधेड़-सा एक व्यक्ति जो दरबान की वेशभूषा में है, मंच पर आता है।)

दरबान : *(हाथ जोड़कर झुकते हुए)* हुकुम, एक युवक बाहर खड़ा हुआ है। वह भर्ती होने के लिए आया है।

वेणी माधव सिंह : *(ज़मीन पर पड़े युवक की ओर देखकर)* भेज दो उसे। पहले इसे उठा ले जायेगा।

दरबान : *(हाथ जोड़ उल्टे पैरों लौटते हुए)* जी हुकुम।

(वीरा पासी मंच पर आता है। वेणी माधव सिंह को हाथ जोड़ते हुए प्रणाम कर सीधा खड़ा हो जाता है।)

वेणी माधव सिंह : *(वीरा से)* अरे, पहले एक काम कर, तू।

वीरा पासी : हुकुम ?

वेणी माधव सिंह : *(ज़मीन पर पड़े युवक की ओर निगाह रोककर)* कहीं यह मर नहीं जाये। इसे उठा और बाहर ले जाकर तख़्ते पर सुला आ। इसके भाई-बन्धु उठा ले जायेंगे। आया था, भर्ती होने के लिए।

(वीरा पासी अर्द्धमूर्च्छित युवक को उठाकर कन्धे पर रख लेता है और मंच से उतर जाता है। वेणी माधव सिंह टकटकी बाँधकर उसे देखते रहते हैं। वीरा फिर मंच पर आता है और पूर्ववत खड़ा हो जाता है।)

वेणी माधव सिंह : *(वीरा की ओर देखकर)* युवक अचेत हुआ पड़ा था न ज़मीन पर...?

वीरा पासी : जी हुकुम। मैं उसे बाहर तख़्त पर सुला आया हूँ।

वेणी माधव सिंह : क्यों अचेत हुआ था, वह? जानते हो?

वीरा पासी : *(सहज स्वर में)* हुकुम आपने उसके सीने पर दो घूँसे मारे थे न, जमाकर। सहन नहीं कर पाया, बेचारा।

वेणी माधव सिंह : *(आँखें घुमाकर)* क्यों?

वीरा पासी : सेना में भरती होने के लिए आये हर युवक को आपकी इस अग्निपरीक्षा से गुज़रना पड़ता है।

वेणी माधव सिंह : *(चौंककर)* किसने बताई मेरी अन्दरूनी बात?

वीरा पासी : अवाम की ज़ुबान पर है, हुकुम। मुझे मेरी बहन बतसिया ने बताया।

वेणी माधव सिंह : फिर भी चले आये?

वीरा पासी : हाँ हुकुम, बहन ने कहा तुम्हारा हट्टा-कट्टा बदन है। जाओ, शंकरपुर जाओ। अपने सीने पर राणा जी के दो घूँसे खाओ और उनकी सेना में भर्ती हो जाओ।

वेणी माधव सिंह : *(हथेली पर हथेली मारकर)* वाह! क्या नाम है, तुम्हारा?

वीरा पासी : हुकुम, वीरा।

वेणी माधव सिंह : वीरा!

वीरा पासी : हाँ हुकुम, वीरा पासी।

वेणी माधव सिंह : गाँव?

वीरा पासी : भीरा गोविन्दपुर, हुकुम।

वेणी माधव सिंह : *(बाहर की ओर देखकर)* जाओ पहले बाहर जाकर देखकर आओ। भर्ती होने के लिए आया कोई दूसरा जवान खड़ा है क्या?

(वीरा मंच से प्रस्थान कर फिर प्रवेश करता है।)

वीरा पासी : हाँ हुकुम, एक गबरू जवान खड़ा है।

वेणी माधव सिंह : मालूम है, मैंने ऐसा क्यों कहा, तुम्हें?

वीरा पासी : हुकुम!

वेणी माधव सिंह : मेरे घूँसे खाकर तुम मुर्च्छित हो जाओगे न, वह तुम्हें उठाकर उसी तरह बाहर ले जायेगा, जैसे तुम उस बेहोश युवक को उठाकर ले गये थे।

वीरा पासी : *(कन्धे चौड़े करके)* मंज़ूर है, हुकुम।

वेणी माधव सिंह : *(आँखें चढ़ाकर)* सोच लो, एक बार फिर सोच लो।

वीरा पासी : हुकुम।

वेणी माधव सिंह : *(कड़ककर)* उम्र कितनी है, तुम्हारी?

वीरा पासी : हुकुम 18 बरस।

वेणी माधव सिंह : क़मीज़ उतारकर मेरे सामने खड़े हो जाओ, सीधे। *(वीरा अपनी क़मीज़ उतार कर एक ओर रख देता है और सीना तानकर उनके सामने खड़ा हो जाता है।)*

वेणी माधव सिंह : *(मुक्का बाँधकर)* वक़्त है अभी। फिर सोच लो।

वीरा पासी : *(सीना और चौड़ाकर)* हुकुम, परीक्षा लो।

(वेणी माधव सिंह अपना समूचा साँस-बल मुट्ठी में समेटकर वीरा पासी के सीने पर जोरदार घूँसा जमाते हैं। वीरा टस से मस नहीं होता। वे और दम भरते हैं और वीरा के उठे सीने पर तान कर एक घूँसा और मारते हैं। वीरा पूर्ववत खड़ा रहता है।)

वेणी माधव सिंह : *(दूसरी ओर मुँह करके स्वगत)* मेरे सामने खड़ा यह व्यक्ति है या कोई लौहस्तम्भ! न गिरा, न बेहोश हुआ। मेरा हाथ झनझना उठा। *(वे अपने हाथ की ओर देखने लगते हैं।)*

वीरा पासी : *(वेणी माधव सिंह से)* हुकुम, आप दो घूँसे और मार लो, मेरे सीने पर। लेकिन मुझे अपनी सेना में भर्ती कर लो। बात बहन बसतिया की है।

वेणी माधव सिंह : *(नम्रता से)* इतने कठोर! खाते क्या हो तुम?

वीरा पासी : हुकुम, पहले खूब कसरत करता हूँ और फिर उगे हुए चने खाकर बकरी का दूध पी लेता हूँ।

वेणी माधव सिंह : वाह! वाह! अंकुरित चने और बकरी का दूध! इतना बल!

वीरा पासी : *(हाथ जोड़कर)* हुकुम, विनती सुन लो मेरी, दो घूँसे और मार लो।

वेणी माधव सिंह : तुम्हें सेना में भर्ती किया। तुम्हें मेरा अंगरक्षक नियुक्त किया जाता है। जाओ, असलाह कक्ष में जाकर सेना के अस्त्र-शस्त्र ले लो, दरबान से। मेरे महल के दूसरी ओर सैनिकों का निवास है, वहाँ जाकर रहो अब। मैं दीवान से कह देता हूँ कि तुम्हें दो महीने तक अस्त्र-शस्त्र चलाने का प्रशिक्षण दिलवाएँ।

(वीरा पासी झुक कर प्रणाम कर लौट पड़ता है।

पटाक्षेप

दृश्य-तीन

सूत्रधार : एक अन्तराल के पश्चात राणा वेणी माधव सिंह और लेफ्टिनेंट चैम्बरलेन तथा बुरवल की सेना के बीच बैसवारा के रणक्षेत्र में भीषण युद्ध होता है। अंग्रेज़ी सेना को मुँह की खानी पड़ती है। वेणी माधव सिंह को शान्तिसन्धि स्थापित करने के बहाने षड्यन्त्रपूर्वक गिरफ़्तार करके बाल दोहका दुर्ग की जेल में बन्द कर दिया जाता है।

(राणा वेणी माधव सिंह की पत्नी रानी चन्द्रलेखा मंच पर चिन्ता में डूबी बैठी है। राजसी पहनावे की जगह सफ़ेद साड़ी और कुरती पहने है। न माथे पर टीकी है, न माँग में सिन्दूर। शरीर दुर्बल हो गया है। चेहरा सफ़ेद पड़ा है। आँखें आसुँओं से भरी हैं। उनके एक ओर पान का बीड़ा रखा है, दूसरी ओर अशर्फियों का ढेर लगा है।)

चन्द्रलेखा : *(अपने माथे पर हाथ मारकर स्वगत)* बैसवारा को क़लम और कृपाण की भूमि कहा जाता है। वीर विहीन हो गयी आज! एक-एक ताल्लुकेदार, ओहदेदार, सिपहसालार को जैसे साँप सूँघ गया। राणा का होना ही वज़ूद था, इनका! रियासत का अन्न-जल कहाँ गया? मातृभूमि का वह लगाव! अरे वीरों! पराधीन के हाथ की तलवार अपने हुक्मरान के सामने मूठहीन होती है। बिना मूठ की तलवार से युद्ध नहीं लड़ा जाता। अंग्रेज़ों से भय खाकर कायरता का वरण कर लिया, तुम सब ने। *(कटार थाम कर)* मैं जाऊँगी, राणा जी को छुड़ाने।

(वह अपनी कटार को हाथ में ले लेती है। दासी सुफला आती है। सुन्दर युवती। काया छरहरी। आँखों में चिन्ता का भाव। हाथ में पानी का लोटा लिए हुए है।)

सुफला : *(लोटा रानी की ओर बढ़ाकर)* रानी जी, दो दिन से अन्न-जल कुछ नहीं लिया है, आपने। थोड़ा जल ग्रहण कर लो।

चन्द्रलेखा : *(आँखों की कोर पोंछकर)* उनका मुँह देखे बिना!

सुफला : *(पानी का लोटा स्टूल पर रखकर रानी के सामने हाथ जोड़ते हुए)* रानी जी, आपने राजसी परिधान उतारकर सफ़ेद वस्त्र धारण कर लिए हैं। माथे की बिन्दिया हटा दी, माँग में सिन्दूर भी नहीं है। यह अपशकुन हैं।

चन्द्रलेखा : सुफला, सुहाग जेल में, पत्नी श्रृंगार करे?

सुफला : *(पूर्ववत)* जी रानी जी।

चन्द्रलेखा : *(एकाएक बदहवास)* सुफला-सुफला, ये अंग्रेज़ बहुत दुष्ट लोग हैं। राणा जी को कड़ी यातनाएँ दी जा रही होंगी। कोड़े सरसराये जा रहे होंगे, उनकी पीठ पर।

सुफला : रानी जी। राणा साहब की पीठ पर कोड़े सरसराने वाला कोई पैदा नहीं हुआ। राणा जी से कितनी ही बार मुँह की खाई है, अंग्रेज़ों ने।

चन्द्रलेखा : सुफला, क्रूर अंग्रेज़ पहले उन पर राजद्रोह का मुकदमा चलायेंगे और फिर उन्हें फाँसी दे देंगे। हमारी सेना में कोई एक ऐसा वीर नहीं, जो उन्हें मौत के मुँह से निकाल लाये।

(नेपथ्य की ओर से आती बूटों की आवाज़ सुनकर दोनों सतर्क हो जाती हैं और उधर देखने लगती हैं। रहजन वेशधारी युवक मंच पर प्रवेश करता है। काले कपड़े पहने, सिर पर काला गमछा बँधा है। चेहरे पर नक़ाब है। वह लपककर बीड़ा उठा लेता है। दो अशर्फियाँ उठाकर अपनी जेब में रखता है और तुरन्त मंच से प्रस्थान कर जाता है।)

चन्द्रलेखा : *(उसकी ओर हाथ करके)* कौन...क़ौन...कौन? अरे कौन हो तुम? अपनी मौत गले लगाने वाले कौन हो, तुम? *(रानी कुर्सी से उठ कर नीचे बैठ जाती है।)*

चन्द्रलेखा : *(सुफला से)* सुफला, मैं बूझ नहीं पायी। डाकू जैसे भेष में आया वह कौन शख़्स था, जो बीड़ा उठा ले गया। अशर्फियों के इतने बड़े ढेर से मात्र दो अशर्फियाँ उठाईं!

(सुफला पल्लू मुँह में देकर गर्दन घुमा लेती है।)

चन्द्रलेखा : सुफला, कौन था वह जाँबाज़?

सुफला : *(होंठ से होंठ चबाकर)* वीरा पासी।

(रानी सुफला की ओर एकटक निहार कर उसे चले जाने का इशारा करती है। सुफला मंच छोड़ कर चली जाती है।)

चन्द्रलेखा : *(स्वगत)* राणा जी क़ैद हैं! ऊँची-ऊँची दीवारें होती हैं, उन काल-कोठरियों की। मुण्डेरें तार खिंची हुईं। कैसे चढ़ पायेगा वीरा? संगीनों के बीच कड़ा पहरा लगा होगा, बेध पायेगा वीरा? वीरा पकड़ा गया तो राणा जी के साथ उसको भी फाँसी हो जायेगी। *(आकाश की ओर हाथ करके)* वीरा सँभल कर। वीरा...।

प्रकाशलोप के साथ पर्दा गिरता जाता है।

दृश्य-चार

(बिना चाँद की आधी रात तारों के हवाले है। छद्मवेशधारी वीरा पासी सैनिकों की बैरक के पीछे से होता हुआ चोर जैसी चुप्पी साधे बन्दीगृह के पिछवाड़े में पहुँच जाता है। वह दोहरा सिलवाया हुआ पायजामा पहने है। पायजामे की एक जेब में लोहे की बारह मज़बूत खूँटियाँ हैं। दूसरी जेब में हथौड़ी है। सोच-विचार में डूबा है।)

वीरा पासी : *(आश्चर्य से स्वगत)* ऊँची-ऊँची दीवारें हैं। कितनी काल-कोठरियाँ हैं। राणा जी को किस कोठरी में क़ैद किया है?

(वीरा इसी ऊहापोह में दीवार के साथ-साथ घूम रहा होता है। एकाएक एक छाया उसके सामने आ खड़ी होती है। खाण्डा[1] थामा उसका हाथ उठा हुआ है। राजप्रहरी की पोशाक पहने है।)

प्रहरी : *(खाण्डा उठाये हुए)* कौन हो...कौन हो तुम? किस मिट्टी के बने हो? क्यों मौत के मुँह में चले आये? बोलो, वरना मैं तुम्हारी गर्दन अलग किये देता हूँ।

वीरा पासी : *(जेब से एक अशर्फी निकाल कर, प्रहरी की ओर बढ़ाते हुए)* चुपचाप रख लो।

(अशर्फी की चमक से प्रहरी का खाण्डा ज़मीन पर टिक जाता है।)

प्रहरी : *(बिल्कुल धीरे-से)* क्या है यह?

वीरा पासी : अशर्फी है अशर्फी, सोने का सिक्का। बाद में एक और मिलेगी।

---

1. खाण्डा-खड्ग से छोटा लेकिन उससे भारी अस्त्र जिसके दोनों फालों पर धार लगी होती है। वजन दस से पन्द्रह सेर तक होता है। बलिष्ठ देहयष्टि का योद्धा ही उसे एक हाथ अथवा दोनों हाथों से चला पाता था।

(प्रहरी वीरा को ऊपर से नीचे तक घूर-घूरकर देखने लगता है।)

प्रहरी : *(वीरा के कन्धे पर हाथ रखते हुए)* अरे भई तुम हो कौन? डाकू जैसा पहनावा है। सिर पर लोहे का टोप है। मुँह पर नक़ाब है। लम्बे-लम्बे जूते हैं। चले आये, जेल की कोठरियों के पीछे।

वीरा पासी : प्रहरी जी, वीरा पासी हूँ मैं।

प्रहरी : *(खाण्डा नीचे रखकर)* अरे...वीरा भाई, अंग्रेज़ीराज क्रूरता का नाम है। तोप से बाँधकर उड़ा दिये जाओगे।

वीरा पासी : फिरंगियों की तोप से मरूँ! इससे तो अच्छा खाण्डा है न, तुम्हारा।

प्रहरी : वीरा, राणा को क़ैद से छुड़ाने आये हो न?

वीरा पासी : हाँ, प्रहरी जी। हम दोनों का ध्येय राणा जी के लिए जीवनदान है। जतन करो।

प्रहरी : वीरा..., यहाँ इतना कड़ा पहरा है, परिन्दा भी पर नहीं मार सकता। चले जाओ यहाँ से।

वीरा पासी : रानी जी का रखा बीड़ा उठाकर लाया हूँ। या तो राणा जी को क़ैद से छुड़ाना है, वर्ना मर जाना है। *(गर्दन आगे कर के)* खाण्डा उठाओ अपना।

प्रहरी : वीरा! आसमान से तारे तोड़कर ला सकते हो। पहाड़ काट कर रास्ता बना सकते हो। धरती पर पैर मारकर पानी निकाल सकते हो, लेकिन राणा जी को इस जेल से बाहर नहीं निकाल पाओगे। मैं फिर कहता हूँ, लौट जाओ। *(समझाते हुए)* अरे भई, दीवारों के भी कान होते हैं। तुरन्त चले जाओ यहाँ से, वर्ना बेमौत मारे जाओगे।

वीरा पासी : मैं मरने के लिए ही आया हूँ।

प्रहरी : *(खाण्डा को ज़मीन पर मार कर)* वीरा...वीरा...वीरा।

वीरा पासी : *(गर्दन आगे कर के)* उठाओ खाण्डा।

प्रहरी : *(विनम्र भाव से)* उपाय लाये हो, जो छुड़ा पाओगे राणा जी को?

वीरा पासी : *(पायजामा की जेब पर हाथ रखकर)* पहरेदार जी, लोहार से तैयार करवाई गयीं बारह मज़बूत खूँटियाँ लाया हूँ, लोहे की। हथौड़ी साथ है। दीवार पर ठोकता, हुआ छत पर चढ़ जाऊँगा। वह कोठरी बता दो, जिसमें राणा जी क़ैद हैं?

प्रहरी : *(ज़ोर-ज़ोर से गर्दन हिलाकर)* कामयाब नहीं हो पाओगे। कतई नहीं हो पाओगे कामयाब। वीरा भाई।

वीरा पासी : मतलब?

प्रहरी : मूर्खता।

वीरा पासी : मूर्खता!

प्रहरी : हाँ...हाँ, मूर्खता।

वीरा पासी : कैसे?

प्रहरी : अरे भई खूँटियाँ ठोकते आवाज़ होगी। बैरक से सैनिक दौड़े आयेंगे। पकड़े जाओगे। फाँसी होगी तुम्हें। मैं भी मारा जाऊँगा।

वीरा पासी : पहरेदार जी, मरना सभी को है, एक-न-एक दिन। कोई अपने लिए मरता है, कोई देश के लिए।

प्रहरी : वीरा, दूसरी कोठरियों में दो-दो, तीन-तीन क़ैदियों को रखा गया है। राणा जी को एक कोठरी में अकेला रखा है। जिस क़ैदी को सुबह फाँसी होती है न, उसे रात अकेला रखा जाता है।

वीरा पासी : *(दीवार की ओर देखकर)* कौन-सी कोठरी है, वह?

प्रहरी : *(दीवार पर हथेली रखकर)* वीरा। यही वह काल-कोठरी है, जिसमें राणा जी क़ैद हैं।

(वीरा अपने पायजामे की एक जेब से कील निकालता है और दूसरी जेब से हथौड़ी। वह दीवार की ओर बढ़ता है।)

प्रहरी : *(वीरा के आगे आकर)* वीरा रुको। मारे जाओगे। सुनो, जेल का एक नियम है। एक बजने पर एक घण्टा बजता है, दो बजने पर दो। तीन बजने पर तीन। रात के बारह बजने को हैं, एक के बाद एक जेल से बारह घण्टे बजेंगे, अब।

वीरा पासी : फिर?

प्रहरी : *(वीरा के कन्धे पर हाथ रखकर)* वीरा कितना बड़ा संयोग है, बारह घण्टे, बारह खूँटियाँ।

वीरा पासी : *(उत्सुक)* मतलब?

प्रहरी : (कन्धे पर हाथ रख) पाँच हाथ लम्बे तुम, पाँच हाथ लम्बा मैं। इतनी ही ऊँची यह दीवार है, बस। एक घण्टा बजने पर एक खूँटी ठोकना, दो बजने पर दूसरी। इसी प्रकार ऊपर से नीचे तक खूँटियाँ ठोकते चले आना। एक खूँटी रख लेना, कोठरी का जंगला हटाओगे पीछे से। हाँ, इस तरह ठोकते जाना, खूँटी की आवाज़ घण्टे की आवाज़ से ऊँची न हो।

वीरा पासी : *(प्रहरी को बाँहों में भरकर)* पहरेदार जी, अपनी चमड़ी की जूतियाँ सिलवाकर पहना दूँ, तुम्हें।

प्रहरी : चमड़ी बचेगी तब न। शेर के मुँह से उसकी जीभ खींचकर लाने जैसा दुष्कर कार्य है। *(आसमान में तारों की ओर देखकर)* आओ, मेरे कन्धे पर चढ़ जाओ। घण्टे बजने शुरू होने वाले हैं। ज़्यादा मत घबराओ। जेल प्रशासन को मेरी निष्ठा पर पूरा यक़ीन है।

(वीरा पासी प्रहरी के कन्धे पर चढ़ जाता है। कुछ समय गुज़रने पर एक घण्टा बजता है। एक-एक घण्टा बजता जाता है और वीरा सूझबूझ के साथ खूँटी ठोकता नीचे की ओर आता जाता है। आधी खूँटियाँ ठोकने के बाद वह प्रहरी के कण्धे से झट नीचे कूद

पड़ता है और बजते घण्टे के साथ खूँटी ठोकता जाता है। अन्तिम घण्टा बजने पर उसके हाथ में एक खूँटी रह जाती है।)

प्रहरी : *(गले से फेंटा निकालकर)* लो यह फेंटा लो और खूँटियाँ चढ़ते छत पर चले जाओ। कोठरी का रोशनदान हटाकर फेंटा नीचे की ओर लटका देना। राणा जी उसका छोर पकड़ लेंगे और तुम फेंटा खींचते उनको ऊपर ले आना। जाओ अब, मैं दूसरी ओर निकलता हूँ।

सूत्रधार : वीरा पासी ने फेंटा लेकर कन्धे पर रख लिया। वह एक-एक खूँटी चढ़ता हुआ छत पर पहुँच जाता है। उसने मुंडेर की दो-दो हाथ ऊँची तारबन्दी लाँघ ली है। वह क़ैद-कोठरी के रोशनदान के निकट पहुँच जाता है। उसने खूँटी और हथौड़ी से बड़ी सहजता के साथ रोशनदान को निकाल कर अलग रख दिया है। अपना मुँह अन्दर कर धीरे से कहता है, 'राणा जी मैं वीरा पासी। फेंटा नीचे लटका दिया मैंने, इसे पकड़कर धीरे-धीरे ऊपर आ जाओ।' राणा जी की आँखों में नींद नहीं थी। वीरा की आवाज़ उनको जीवनदायिनी के समान लगती है। वह चौंककर उठ बैठते हैं और खड़े हो जाते हैं। फेंटा छोटा पड़ जाता है। वीरा अपने पैर से फेंटा बाँधकर, रोशनदान की छज्जी पकड़कर नीचे लटक जाता है। राणा वेणी माधव सिंह फेंटा पकड़ लेते हैं और वीरा के ऊपर खिंचते पैरों के साथ छत पर आ जाते हैं। एक के बाद एक दोनों के दोनों खूँटी-खूँटी पर पैर रखते हुए नीचे उतर आते हैं। प्रहरी दूसरी ओर मिलता है। वीरा उसको अशर्फी देना चाहता है,

लेकिन वह नहीं लेता है। हाथ जोड़कर राणा जी की ओर प्रणाम करता है। वीरा और राणा पेड़ों के झुरमुटों से होते हुए आगे बढ़ जाते हैं।

प्रकाशलोप के साथ पर्दा गिरता जाता है।

दृश्य-पाँच

(पर्दा उठने पर वेणी माधव सिंह और रानी चन्द्रलेखा राजसी वेशभूषा में अपने-अपने आसन पर विराजमान हैं। दोनों के चेहरों पर ख़ुशी दौड़ रही है।)

चन्द्रलेखा : *(प्रश्नचित्त मुद्रा में राणा जी की ओर देखते हुए)* राणा जी, वीरा पासी जैसा शूरवीर पूरे बैसवारा इलाके में नहीं है। बीड़ा दो दिन तक रखा रहा। किसी माई के लाल की हिम्मत नहीं हुई, कि बीड़ा उठाने आये। मैं हार मान बैठी थी।

वेणी माधव सिंह : *(आँखें झपकाते हुए)* बिल्कुल। अपनी जान हथेली पर रख कर वीरा मुझे मौत के मुँह से निकाल लाया। चन्द्रा, अंग्रेज़ों ने मेरी मौत का वारन्ट तैयार कर लिया था। सुबह फाँसी होती। सच कहती हो, पूरे जनपद में वीरा जैसा दिलेर और फुर्तीला सैनिक नज़र नहीं आता, जिस पर गुमान करें। उसे अपनी फ़ौज में भर्ती करके, मैंने ख़ुद को मज़बूत किया है। कई अंगरक्षक हैं, पर उस जैसा जज़्बा कहाँ।

चन्द्रलेखा : उसके हाथों बीड़ा उठा लेने के पश्चात यक़ीन बँधता चला गया, मेरा।

वेणी माधव सिंह : मुझे उसके हौसले पर नाज तो उसी वक़्त से था, जब भर्ती करते समय मैंने उसके सीने पर जमा-जमाकर दो घूँसे मारे। परन्तु वह लौहस्तम्भ-सा खड़ा रहा, यथावत। मेरा ही हाथ झनझना उठा, चन्द्रा।

चन्द्रलेखा : ईमानदार भी इतना कि बीड़ा के साथ रखी अशर्फियों के ढेर में से केवल दो ही अशर्फियाँ उठाईं।

वेणी माधव सिंह : *(ऊपर-नीचे देखकर)* एक अशर्फी प्रहरी को दे दी और दूसरी मुझे लौटा दी।

चन्द्रलेखा : राणा जी, वह डाकू जैसे भेष में यहाँ आया। अगर दासी सुफला मुझे यह नहीं बताती कि वह वीरा था, तो मेरा संशय बना रहता, बीड़ा किसने उठाया।

वेणी माधव सिंह : वीरा का प्रताप है कि हम दोनों साथ बैठे हैं। *(ख़ौफ और फ़िक्र का एक उत्तप्त रानी की मुँदी आँखों से आँसुओं के साथ बहने लगता है।)*

वेणी माधव सिंह : रानी चन्द्रा, अब आँसू किसलिए? चिन्ता किस बात की? देखना अब तो मैं एक-एक फिरंगी को ठिकाने लगा दूँगा।

चन्द्रलेखा : *(आँखें पोंछ कर)* एक विचार है, मानोगे!

वेणी माधव सिंह : *(तपाक से)* नि:संकोच?

चन्द्रलेखा : वीरा को इनाम दिया जाना चाहिए।

वेणी माधव सिंह : हाँ-हाँ ज़रूर दिया जाना चाहिए। आपने मेरे होंठों पे आयी बात पर मोहर लगा दी, चन्द्रा। वीरा न होता, मैं नहीं होता। हमारे राज्य पर अंग्रेज़ों का क़ब्ज़ा हो जाता। अधिक-से-अधिक आधा राज माँग लेगा, वह।

चन्द्रलेखा : *(खुली आँखें)* हें! दे दोगे?

वेणी माधव सिंह : *(हथेली पर हथेली मारकर)* बिल्कुल। जान बची, लाखों पाये।

प्रकाशलोप के साथ पर्दा गिरता जाता है।

दृश्य–छह

(पर्दा उठने पर राणा वेणी माधव सिंह महल के बाहरी कक्ष में अपने सिंहासन पर विराजमान है। चाँदी की थाली पर लकड़ी की हथौड़ी मार देते हैं। लम्बा-तगड़ा, मुछैल-सा एक अधेड़ दरबान की वेशभूषा पहने उनके सामने आ खड़ा होता है। हाथ जुड़े हैं। गर्दन झुकी है।)

वेणी माधव सिंह : वीरा पासी को बुलाओ।

(दरबान सलाम कर झुकता हुआ पीछे की तरफ़ लौट जाता है।)

वेणी माधव सिंह : *(स्वगत)* तकदीर की तदबीर नियामक होती है। कितनी साँसें शेष थीं, मुझ में। वीरा लड़ाकू, निडर, स्वाभिमानी और स्वामीभक्त। धीर-वीर, साहसी और पराक्रमी! बाल दोहका के अभेद्य दुर्ग का वह क़ैदखाना! दीवार पर बैठने पर कबूतर को भी गोली से उड़ा दिया जाता है। वह क़ैदी का सन्देशा ले आया हो। वीरा ने गजब सेंधमारी की और मुझे काल-कोठरी से छुड़ा लाया।

(वीरा पासी और दरबान दोनों का एक साथ मंच पर प्रवेश होता है। वेणी माधव सिंह को सलाम कर दरबान लौट जाता है। वीरा पासी सिर झुका कर खड़ा रह जाता है।)

वीरा पासी : *(थोड़ा और झुककर)* हुकुम, जोहार।

वेणी माधव सिंह : *(खाली पड़े आसन की ओर इशारा कर)* वीरा बैठो।

वीरा पासी : *(संकोचवश)* हुकुम, यह सेनापति का आसन है। मैं बैठूँ? ना...ना...हुकुम ना।

वेणी माधव सिंह : *(बैठने का इशारा कर)* बैठो न।

वीरा पासी : हुकुम, सेनापति के सम्मान का अपमान।

वेणी माधव सिंह : वह सेनापति तो हटा दिया गया। *(कागज़ पर मोहर लगाकर)* वीरा पासी को शंकरपुर राज्य की सेना का सेनापति नियुक्त किया जाता है। *(आसन की ओर दोनों हाथ करके)* विराजो।

(वीरा पासी झुक कर राणा को नमन करता है और सेनापति की कुर्सी पर इत्मीनान से बैठ जाता है।)

वेणी माधव सिंह : *(वीरा की ओर देखकर)* तुम्हारा साहस, मेरी ज़िन्दगी की साँसें हैं। यह अहसान ताज़िन्दगी रहेगा, मुझ पर। बैसवारा की प्रजा ऋणी रहेगी, तुम्हारी।

वीरा पासी : *(साँस खींचकर)* राणा जी, सैनिक का धर्म! राजा के जेल में रहते जीता, वह?

वेणी माधव सिंह : दरबान को बुलवा कर तराजू मँगवाता हूँ।

वीरा पासी : *(आश्चर्य से)* क्यों?

वेणी माधव सिंह : एक पलड़े में तुम बैठ जाना। दूसरे पलड़े में चाँदी-सोना जवाहरात होंगे।

(राणा थाली बजाने को होते हैं। लेकिन वीरा उन्हें बीच में ही रोक देता है।)

वीरा पासी : नहीं...हुकुम, नहीं।

वेणी माधव सिंह : *(गर्दन उठाकर)* बीस गाँव तुम्हारे नाम किये देता हूँ। ताल्लुकेदार कहलाओगे।

वीरा पासी : ना...हुकुम।

वेणी माधव सिंह : *(सिंहासन पर उकस कर)* आधा महल, आधा किला, आधा राज तुम्हारा।

वीरा पासी : *(गर्दन हिला कर)* नहीं...नहीं।

वेणी माधव सिंह : जान है तो जहान है। जब मेरी जान ही नहीं बचती राज फिरंगियों का होता। *(सिंहासन से उठते हुए)* लो बैठो तुम। तुम्हारा वीरत्व मेरी मौजूदगी है।

वीरा पासी : *(हाथ जोड़कर)* नहीं, राणा जी नहीं। आपका सिंहासन। आप ही विराजें।

वेणी माधव सिंह : प्राण जाई पर वचन न जाई। मुँह खोलो कुछ तो बोलो। माँगो क्या चाहते हो?

वीरा पासी : *(गर्दन और दोनों हाथ एक साथ हिलाकर)* नहीं राणा जी, नहीं। कुछ नहीं चाहिए, मुझे। आपका नमक मेरी रगों में है।

वेणी माधव सिंह : *(थोड़ा क्षोभ)* वचनबद्ध हूँ।

वीरा पासी : *(गर्दन नीची करके धीरे-से)* सुफला...।

वेणी माधव सिंह : *(तलवार की म्यान पर हाथ मारकर)* सुफला!
(वीरा पूर्ववत रहता है।)

वेणी माधव सिंह : *(होंठ से होंठ काटकर)* सुफला! महल की शान सुफला!
(वीरा उसी तरह चुप्पी साधे रहता है।)

वेणी माधव सिंह : *(स्वगत)* शरीर का इतना मज़बूत यह आदमी। दिल से कितना कमज़ोर निकला। रूप-लावण्य ने शौर्य को शिकस्त दे दी।
(वीरा उसी प्रकार गर्दन झुकाए बैठा रहता है।)

वेणी माधव सिंह : *(क्रोध से काँपकर)* वीरा बीस बांदियाँ हैं, महल में। किसी एक को माँग लो। सुफला की कलाइयाँ तो कमल के डण्ठल जैसी नाज़ुक हैं कि हमने उसके हाथों कभी चँवर तक नहीं डुलवाया। उस जैसी कमसिन, हसीन और दिलकश दूसरी बाँदी नहीं है, महल में। वह तो राजकुमारी के ब्याह में उसके साथ जाती। वचनबद्ध हूँ।
(राणा ताली बजाते हैं। दासी आती है और गर्दन झुका कर खड़ी हो जाती है।)

वेणी माधव सिंह : रानी चन्द्रलेखा को बुलाओ।
(दासी जाती है और रानी चन्द्रलेखा को संग लिए लौटती है। राणा का इशारा पाकर दासी अविलम्ब लौट जाती है। रानी खड़ी रहती है।)

वेणी माधव सिंह : *(रानी के आसन की ओर इशारा करके)* अपने आसन पर बैठियेगा चन्द्रा।

(रानी चन्द्रलेखा आसन पर बैठ जाती है।)

वेणी माधव सिंह : चन्द्रा कोई मेरे प्राण बचाने की क़ीमत पर महल की शान माँग ले?

चन्द्रलेखा : *(धीरे-से)* राणा जी, किस बात का संकोच?

(वेणी माधव सिंह ताली बजाते हैं। वही दासी आती है और गर्दन झुका कर खड़ी रहती है।)

वेणी माधव सिंह : सुफला को बुलाओ।

(बाँदी जाती है और सुफला को साथ लेकर लौट आती है। राणा के संकेत से बाँदी वापस चली जाती है। सुफला आँखें नीची करके खड़ी रहती है। वीरा और सुफला का नयनों-नयनों में आलिंगन होता है।)

वेणी माधव सिंह : सुफला, वीरा ने मेरी जान बचाई। एवज में तुम्हें माँग लिया। तुम भी कुँवारी हो, वीरा भी कुँवारा है। जीवन पथ पर दोनों एक साथ क़दम रखो। *(चन्द्रलेखा से)* आशीर्वाद दो इन दोनों को।

(राणा सिंहासन से उठते हैं। रानी भी सिंहासन से उठ जाती हैं। वीरा सेनापति के आसन से खड़ा हो जाता है। राणा सुफला का हाथ वीरा के हाथों सौंप देते हैं। रानी का हाथ वीरा के सिर पर है और राणा का सुफला के सिर पर।)

पटाक्षेप होता है।

अंक-दो

दृश्य-एक

(मंच पर लेफ्टिनेंट चैम्बरलेन और जूनियर अधिकारी बुलवर वेशभूषा में अपनी-अपनी कुर्सी पर विराजमान हैं। दोनों सिगरेट पी रहे हैं। उनके चेहरों पर चिन्ता, आक्रोश और प्रतिशोध है। उन दोनों के बीच इस घटना को लेकर गम्भीर मशविरा चल रहा होता है। सहसा पहले चैम्बरलेन, फिर उनका साथी बुलवर सुलगती सिगरेट अपने-अपने बूट तले दबा कर मसल देते हैं। कीरत सिंह उन दोनों के पास हाथ जोड़कर ज़मीन पर बैठा है।)

चैम्बरलेन : दैट मेन इज सो ब्रेव। बाल दोहका फोर्ट की जेल से किंग को छुड़ा ले गया! सिक्युरिटी कहाँ गयी? एक्चुयली वी हैव लॉस्ट ऑवर फेस। हम फेसलस हय। *(ज़मीन पर बैठे कीरत सिंह की ओर आग्नेय नेत्रों से देखते हुए)* ताल्लुकेदार व्हाट हैज डन यूअर इन्फार्मेशन? *(पास रखे बेंत को उसकी पीठ पर फटकार कर)* बोल...कौन है वह? जिसने यह डेयरिंग काम किया हय।

कीरत सिंह : *(दर्द करती कमर पर हाथ रखकर काँपते हुए)* हुकुम! हुकुम! हुकुम! वह वीरा पासी है, जिसने यह गुस्ताख़ी की। राणा वेणी माधव सिंह का अंगरक्षक है।

चैम्बरलेन : *(बेंत को अपने बूट की टोह पर मारते हुए)* ही! हमारे लिए चैलेंज। *(कीरत सिंह को आँखें बताकर)* कीरत, टुमारी मुख़बिरी में सेंधमारी!

बुलवर : सर, कीरत सिंह ताल्लुकेदार है, बट ही इज अवर फेवरेट परसन। यह नहीं होता किंग राणा नहीं पकड़ा जाता।

चैम्बरलेन : ओह! आई सी। इतनी हार्ड सिक्यूरिटी। मेनी सिक्यूरिटी गाडर्स ऑन ड्यूटी। इतनी सेफ जेल। वीरा! किंग को जेल से छुड़ा ले गया! शेम! शेम! वेरी शेमफुल! उस वाचमैन को शूट कर दो, जो उस वक़्त ड्यूटी पर था। शूट हिम। शूट हिम एट वन्स।

(कीरत सिंह बुरी तरह काँपने लगता है।)

बुलवर : *(सहज स्वर में)* सर, उस ट्रेटर *(गद्दार)* को तो अरली इन द मोर्निंग तोप से बाँधकर उड़ा दिया गया।

चैम्बरलेन : *(बेंत को ज़मीन पर मारकर)* गुड जॉब। गुड डन। उस टायरेन्ट *(आततायी)* वीरा को भी तोप से उड़वा दो।

बुलवर : *(सलाह देते हुए)* वह बड़ा डेंजरस मैन है। ग्रीडी इण्डियन ही लोभ-लालच में पकड़वा सकते हैं, उसे। सर, इट इज माई सबमिशन प्लीज।

चैम्बरलेन : *(बुलवर की ओर देखकर)* टुमारी ओपिनियन क्या हय? *(कीरत सिंह से)* यू!

कीरत सिंह : *(हाथ जोड़ कर)* हाँ हुकुम, उसके सिर इनाम रख दो।

बुलवर : यस सर, मिस्टर कीरत की एडवाइस सही है।

चैम्बरलेन : व्हाट डज इट मीन्स?

बुलवर : उस जैसे डेंजरस मैन को पकड़ना आसान नहीं है। अवार्ड मनी डिक्लेअर करना होगा सर।

चैम्बरलेन : गुड डिप्लोमेसी। *(कीरत सिंह की ओर देखकर)* टुमारी ओपिनियन अगेन टेल मी।

कीरत सिंह : जी हुकुम। उसके सिर जितना ज़्यादा इनाम घोषित होगा, वह उतनी जल्दी पकड़ा जायेगा। लोगों में उसे पकड़वाने की मारा-मारी मच जायेगी।

चैम्बरलेन : *(बुलवर से)* मिस्टर बुलवर आई एग्री। हाउ मच अमाउँट। मीन्स कितना मनी रखना हय?

बुलवर : *(कीरत सिंह की ओर देखकर)* जितना बड़ा लालच होगा, उतना जल्दी काम होगा। फिफ्टी थाउजेण्ड सर।

चैम्बरलेन : *(बुरी तरह चौंककर)* नो...नो मिस्टर बुलवर। ब्रिटिशर्स ने आज तक किसी भी कल्प्रिट पर इतना प्राइज मनी नहीं रखा। फिफ्टी हण्ड्रेड, वन थाउजेण्ड, फाइव थाउजेण्ड, लास्ट टेन थाउजेण्ड। फिफ्टी थाउजेण्ड अमाउँट इज टू मच। पचास हज़ार का अमाउँट बहुत जियादा हय।

बुलवर : सर, उसके क्राइम एण्ड कॉनसीक्वेनसीज को एस्टिमेट करें, सर। किंग के साथ मिलकर उसने हमारे फिफ्टी सोल्जर्स मार गिराये। प्रिजनर किंग को जेल से छुड़ा ले गया। वह बहुत ख़तरनाक है। सर फिफ्टी थाउजेण्ड राइट है सर। उसके रहते वेणी माधव सिंह का स्टेट जीतना भारी पड़ेगा, सर।

चैम्बरलेन : *(चढ़ी आँखों से बुलवर से)* यस मिस्टर बुलवर यू नो, इण्डिया में टोटल 25 थाउजेण्ड ब्रिटिश मिलिट्री मैन हय। छोटे से बैसवारा एरिया में हमारे 50 सोल्जर्स मार गिराये। उनमें से कई रैंक होल्डर थे। कमांड आपके हाथ में था।

बुलवर : *(पलकें झपककर)* आई एम सॉरी सर। आई एम सो सॉरी सर। इट इज रियली ए बिग लॉस।

चैम्बरलेन : *(बुलवर की ओर देखकर)* एक ओर थिंग हय।

बुलवर : प्लीज, सर।

चैम्बरलेन : यह बम्पर प्राइज मनी हय। गवर्नर-जनरल की परमिशन लेनी होगी।

बुलवर : यस सर।

कीरत सिंह : जी हुकुम, अभी का अभी।

चैम्बरलेन : *(बुलवर और कीरत सिंह की ओर एक साथ देखकर)* परमिशन के लिए आज ही मैसेंजर भेज देते हय।

बुलवर : *(उत्साह में भरकर)* यस सर।

(चैम्बरलेन सिगरेट सुलगाता है और लगातार दो-तीन सुट्टे मार कर बूट से कुचलता हुआ कुर्सी से उठ खड़ा होता है। बुलवर और कीरत सिंह भी उठकर खड़े हो जाते हैं।)

प्रकाशलोप पर्दा गिरता है।

दृश्य-दो

(भाल सिंह और कीरत सिंह दोनों अपने-अपने आसन पर विराजमान हैं। राजसी वेशभूषा में हैं। कीरत सिंह का हाथ मूँछों पर है। भाल सिंह का माथे पर।)

भाल सिंह : *(ऊपर की ओर देखकर)* वीरा पासी की हिम्मत देखो। बाल दोहका किले की जेल से वेणी माधव सिंह को छुड़ा लाया! वहाँ की जेल को तो काल-कोठरी कहा जाता है।

कीरत सिंह : *(आक्रोश से)* मगरमच्छ के पेट से किसी को ज़िन्दा निकाल लाने जैसा दुष्कर कार्य किया है, उसने। एकदम अकल्पनीय।

भाल सिंह : राणा के सही-सलामत लौट आने की ख़ुशी में महल की ओर से ग़रीबों में अन्न बाँटा गया, दमड़ी बाँटी गयीं, कपड़े बाँटे गये और तो और उन अशर्फियों का ढेर भी प्रजा में बँटवा दिया गया, जो रानी ने बीड़ा के साथ इनाम के लिए रखा था।

कीरत सिंह : *(व्यंग्य से)* रानी, वेणी के वियोग में आँसुओं में डूबी जाती थी।

भाल सिंह : वीरा रानी के आँसू देख नहीं पाया और अपनी जान दाँव पर लगा दी, उसने।

कीरत सिंह : *(आँखें घुमाकर)* बेचारे प्रहरी को तो तोप से उड़वा दिया!

भाल सिंह : क्रूरता अंग्रेज़ों के ख़ून में है। ख़ून बर्दाश्त कर सकते हैं, गद्दारी नहीं। प्रहरी के शरीर के चिथड़े दूसरों के लिए सबक बन गये।

कीरत सिंह : *(भाल सिंह के कन्धे पर हाथ रखकर)* भाल सिंह, वीरा पासी की उस कारगुजारी पर अंग्रेज़ सरकार बहुत नाराज़ है।

भाल सिंह : क्या हुआ?

कीरत सिंह : *(हथेली खुजलाते हुए)* भाल सिंह उसे पचास हजार का इनामी घोषित कर दिया है। अच्छे-अच्छे ताल्लुकेदार के पास नहीं हैं, इतनी रकम। असलाह ख़रीदकर ख़ुद की सेना खड़ी की जा सकती है, इतनी रकम से। अंग्रेज़ों का साथ दो और ठाठ-बाट से राज करो। इस राणा में तो अकल नाम की कोई चीज़ नहीं है। ख़ुद काँटे बो लिए। देखो न, भेड़-बकरियाँ चराकर अपना बसर करने वाले पासीपुत्र को राज्य का सेनापति बना दिया। हम जैसे अंगरक्षक ही रह गये।

भाल सिंह : *(आँखें तीखी करके)* हाँ, सच कहा कीरत सिंह, पासी जैसी छोटी जात और शंकरपुर जैसे राज्य का सेनापति! हम तो हैं ही नहीं जैसे।

कीरत सिंह : वीरा को ज़िन्दा या मुर्दा पकड़वाने की एक जुगत है, मेरे जेहन में।

भाल सिंह : ख़याली पुलाव!

कीरत सिंह : सुनो। ग़ौर से सुनो, भालसिंह।

भाल सिंह : *(कान पर हाथ रखकर)* कहें कीरत सिंह।

कीरत सिंह : दासी, दासी रहती है। वह रानी नहीं बन सकती। लालच के इर्द-गिर्द घूमती है, उसकी नीयत। सुफला यह काम कर सकती है। पैसा तुम्हारे हाथ आये या मेरे हाथ, एक और एक ग्यारह।

भाल सिंह : *(हँसते हुए)* वाह कीरत वाह! यदि कामयाब रहे तो एक तीर से तीन शिकार होंगे। पचास हजार आयेंगे। सौ परियों की एक परी, हज़ार सुन्दरियों की एक सुन्दरी सुफला अपनी होगी। इतनी बड़ी रकम से अस्त्र-शस्त्र का बड़ा ज़ख़ीरा ख़रीदकर अपनी सेना खड़ी कर लेंगे, वेणी के विरुद्ध। *(आँखें टिमकाकर)* सुनो, अंग्रेज़ों से सन्धि कर राज करेंगे, ठाठ से।

कीरत सिंह : वाह! भाल सिंह वाह! राणा माधव सिंह का शासन कितने दिन? महल अपना। क़िला अपना। सबकुछ अपना ही अपना। दिन फिर जायेंगे अपने।

भाल सिंह : *(गर्दन पर हाथ मारकर)* कीरत सिंह!

कीरत सिंह : हुँ।

भाल सिंह : वीरा के सेनापति बना दिये जाने के बाद मेरी पत्नी उसके घर आने-जाने लगी है। मैं अपनी पत्नी को समझा-बुझाकर सुफला को उसके साथ अपने घर बुला लूँगा। उसे एक बड़ी गाँठ के साथ विष की पुड़िया भी दे देंगे।

कीरत सिंह : *(ठहाका लगाकर भाल सिंह के कन्धे पर हाथ रख कर)* भाल सिंह मार्ग प्रशस्त। वाह! वाह! सच में दिन बहुरे, अपने।

(दोनों एक-दूसरे का कन्धा दबाते हुए उठ खड़े होते हैं)

पर्दा गिरता है।

दृश्य-तीन

(भाल सिंह मंच पर बैठा हुआ है। उसकी पत्नी और सुफला मंच पर आती हैं। भाल सिंह का इशारा पा कर उसकी पत्नी पार्श्व की ओर चली जाती है। भाल सिंह कुर्सी की ओर इशारा करता है, सुफला उस पर बैठ जाती है। सुफला के खूबसूरत चेहरे से भाल सिंह की नज़रें हटाये नहीं हटतीं। सुफला गर्दन नीचे करके बैठी रहती है। भाल सिंह उसे एकटक निहारे जाता है। बार-बार कुछ कहने की चेष्टा करता है, होंठ बुदबुदा कर रह जाते हैं। अन्तस उद्वेलित है।)

भाल सिंह : सुफला!

सुफला : हाँ, सेनानी जी?

भाल सिंह : *(निगाह रोककर)* सुफला...।

सुफला : *(गर्दन थोड़ी-सी उठाकर)* सेनानी जी कुछ कहेंगे भी?

भाल सिंह : *(होंठ से होंठ रगड़कर)* सुफला, तुम जितनी सुन्दर-सलोनी हो, उससे कहीं ज़्यादा भोली-भाली हो।

सुफला : बूझूँ?

भाल सिंह : बूझ। राणा वेणी माधव सिंह प्रासाद की दासी को पासी जैसी छोटी जाति के व्यक्ति ने अपने प्रेमपाश में ले लिया?

सुफला : वीरा योद्धा है। योद्धा की न कोई जाति होती है, न उसका कोई धर्म होता है। नंगी तलवार और दुश्मन से देश की रक्षा उसका ध्येय होता है। यही उसकी देशभक्ति है। *(सीने पर हाथ रखकर)* वीरा मेरे दिल की धड़कन है।

भाल सिंह : *(तपाक से)* खुमारी है तुम्हारी।

सुफला : *(रू-ब-रू)* मतलब?

भाल सिंह : सुफला, पता है उस पहरेदार को तो सुबह होते ही तोप से उड़ा दिया। वीरा की साँसें...?

सुफला : समझी नहीं, मैं?

भाल सिंह : राणा को अंग्रेज़ों की क़ैद से छुड़ाकर वीरा ने ख़ुद की जान दूसरे के हाथों सौंप दी है।

(वह हथेली पर हथेली मारकर मसलने लगता है।)

सुफला : राणा जी की रक्षा कर उन्होंने अपनी मातृभूमि की सेवा की है। वह बीड़ा किसी बहादुर ने नहीं उठाया।

भाल सिंह : वही बीड़ा उसकी मौत का पैग़ाम बन गया है। अंग्रेज़ इतने ख़फा हो उठे हैं कि उसके सिर पर पचास हज़ार रुपये के इनाम का ऐलान कर दिया है।

सुफला : *(आँखें चढ़ाकर)* वीरा वीर है। इनाम जैसी गीदड़ भभकियों से नहीं डरता।

भाल सिंह : गीदड़ भभकी! बुद्धि से काम लो, सुफला। जो वीरा को ज़िन्दा या मुर्दा अंग्रेज़ों के सुपुर्द करेगा, उसे पचास हज़ार रुपये का नक़द इनाम मिलेगा। आदमी-आदमी उसकी घात लगाये बैठा है। इनाम पा जाये।

सुफला : *(आँखें निकालकर)* किसी की हिम्मत नहीं, वीरा की ओर आँख उठाकर भी देख ले।

भाल सिंह : सुनो, बड़े ताल्लुके की मालकिन हो जाओगी।

सुफला : *(उठते हुए)* चुप रहो। शंकरपुर राज्य के सेनापति की पत्नी हूँ, मैं। ना मैं लालची हूँ, ना मैं कायर हूँ।

भाल सिंह : *(मुट्ठी बाँधकर)* सोच लो। उसकी साँसें तो गिनती की हैं, तुम खामखाह मारी जाओगी।

सुफला : राणा के अंगरक्षक होकर षड्यन्त्रकारी बातें! तलवार म्यान से बाहर नहीं जाती।

(भाल सिंह पैर धमक कर उठ खड़ा होता है। अलमारी से अशर्फियों की गाँठ और विष की पुड़िया निकाल कर उसके सामने मेज पर रख देता है। अपनी नंगी तलवार लिए है।)

भाल सिंह : *(एक-एक वस्तु पर अँगुली रखते हुए)* नंगी तलवार, अशर्फियों की गाँठ, विष की पुड़िया, चुन लो। *(कुटिल मुस्कान के साथ)* गाँठ और विष की पुड़िया चुनने में ही तुम्हारा हित है। *(तलवार की ओर देखकर)* वर्ना मारी जाओगी।

(सुफला विष की पुड़िया उठाकर तुरन्त मंच छोड़ देती है। चेहरा आरक्त हुआ है।)

पर्दा गिरता है।

दृश्य-चार

(साँझ का वक़्त है। वीरा पासी मंच पर बिछे पलंग पर लेटा सुफला की राह देख रहा है। छत की ओर निहारता है, फिर बाहर की ओर देखने लगता है।)

वीरा पासी : *(स्वगत)* अंग्रेज़ों ने जब से मेरे सिर पर पचास हजार का इनाम घोषित किया है, लोग मेरी मौत के सौदागर हो गये हैं। अंग्रेज़ों को साहस नहीं था, मुझे पकड़ने का। उन्होंने लोभ का यह पासा फेंका है। लोभी-लालची लोगों को अंग्रेज़ों से तमगे, उपाधियाँ, जागीरदारी चाहिए, भले ग़ुलाम बने रहें। अपने क्षेत्र में राणा जी अकेले शेरेदिल रणबाँकुरे हैं। अंग्रेज़ उनके नाम से काँपते हैं। राणा जी को मातृभूमि अपने प्राणों से भी प्यारी है। वे कहा करते हैं, 'ग़ुलाम जीवन मृत्यु से बदतर है।' *(गम्भीर मुद्रा में)* राणा जी के अंगरक्षक भाल सिंह की पत्नी के साथ दोस्ती निभेगी सुफला की? कुछ देर में लौट आने की कहकर उसकी पत्नी उसे अपने साथ ले गयी थी। पहर बीता। लौटी नहीं अभी तक। माजरा क्या है? राज्य के सेनापति का अपना ओहदा, अपना रुतबा होता है। सेनापति की पत्नी रानी जैसा सम्मान पाती है।

(सुफला निराश कदमों मंच पर प्रवेश करती है। उसकी दिल की धड़कनें बढ़ी हुई हैं। चेहरे पर चिन्ता है। निराशा और चिन्ता को ख़ुशी से आवृत करने की चेष्टा करती है।)

वीरा पासी : *(सुफला की ओर देखकर)* सुफला, तुरन्त लौट आने की कह कर गयी थी, तुम। पहर बीता तफरी करते! *(उसकी ओर निगाह रोककर)* खड़ी कैसे रह गयी हो। पलंग पर बैठ जाओ न, मेरे पास।

(सुफला कुर्सी खींच कर वीरा के सामने बैठ जाती है। वीरा उठकर उसे अपने संग पलंग पर बैठाने की कोशिश करता है। सुफला यथावत कुर्सी पर ही बैठी रहती है। वीरा दूसरी कुर्सी खींचकर उसके निकट बैठ जाता है।)

वीरा पासी : *(सुफला का चिबुक छूकर)* सुफला एक पलक तुम्हें देखा कि तुम्हारी रूह मेरे हृदय में पैठ गयी। मेरा दिल भी तुम हो। मेरी जान भी तुम हो।

सुफला : *(सहज भाव)* वीर, जिस भेष में तुम बीड़ा उठाने महल आये थे। रानी जी नहीं पहचान पायी, तुम्हें। मैंने ही उन्हें बताया कि वीरा उठाकर ले गया है, बीड़ा। रानी जी संशय से मुझे निहारती रहीं।

वीरा पासी : राणा जी को फाँसी हो जाती, रानी जी रो-रो मर जातीं। जिसका नमक शरीर में हो, लहू उसी का होता है, सुफला। मैंने बीड़ा उठा जरूर लिया लेकिन मेरी युक्ति, मेरी समझ कुछ नहीं कर पाती, अगर जेल का पहरेदार अपने प्राणों की बाजी लगाकर मेरा साथ नहीं देता। तारों भरी रात के हल्के से उजियारे में जैसे ही मैं उसकी नज़र पड़ा, एकाएक उसने अपना खाण्डा सीधा मेरे ऊपर झोंका। मैंने उसका हाथ पकड़ा और एक अशर्फी दे दी। सुफला, अशर्फी के लोभ से शायद ही उसका ईमान दरकता। राणा जी की जान बचाने के लिए वह तैयार हो गया।

सुफला : सुना है, सुबह होते ही अंग्रेज़ों ने उसे तोप से उड़ा दिया!

वीरा पासी : हाँ सच है, यह।

सुफला : *(माथे पर हाथ फेरकर)* वह वीर तो देश के काम आ गया, अंग्रेज़ अब तुम्हारी जान के प्यासे हो गये हैं। अपने लोग भी...। चिन्ता के मारे मरी जाती हूँ।

वीरा पासी : *(दोनों हाथों की मुट्ठी बाँधकर)* चिन्ता-विन्ता किस बात की, सुफला। अंग्रेज़ इतने ख़ौफ़जदा हो गये कि मेरे सिर पर पचास हज़ार रुपये का इनाम रख दिया है। यह राणा जी की जीत है, शंकरपुर की जीत है।

सुफला : *(आँखों पर हाथ फेरकर)* वीर, शंकरपुर को आज बाहर से इतना ख़तरा नहीं है, जितना कि अन्दर के दुश्मनों से है।

वीरा पासी : *(सुफला की ओर निगाह बाँधकर)* सुफला बड़ी दूरदर्शी हो तुम। राणा जी बहुत सतर्क हो गये हैं, अपनों से। *(माथे पर हाथ फेरकर)* सुफला, इतना बड़ा देश! मुट्ठी भर फिरंगी! एक-एक मुट्ठी रेत फेंके तो टीले के नीचे दब मरे। पत्थर फेंकने लगें तो भय खाकर भाग खड़े हों। मुश्किल तो यही न कि अपने ही उनकी पनाहगाह बने हुए हैं।

सुफला : तुम्हारी मौत का सौदा करने पर उतर आये हैं।

वीरा पासी : *(आँखें चढ़ाकर)* हुँ, क्या कहती हो?

सुफला : *(अपने आँचल से विष की पुड़िया निकालकर)* मुझे दौलत नहीं, वीरा चाहिए।

सुफला एकाएक जहर की पुड़िया फाँक जाती है। बदहवास हो कुर्सी से उठकर नाचते हुए गाना गाने लगती है–

वीरा की मैं दासी बन जाऊँ।
काया माँजू चमक बन जाऊँ।।
कारे बदरा से मैं काजल मँगाऊँ।
मीह-मीह आजूँ, नयन सजाऊँ।
वीरा की मैं दासी बन जाऊँ।।

आकाश से मैं तारे लाऊँ।
एक-एक कर चुँदरी जड़वाऊँ।।
धरती से मैं सोना लाऊँ।
गहने पहनूँ, पीली हो जाऊँ।
वीरा की मैं दासी बन जाऊँ।।

इन्द्रधनुष का मैं रिबन बनाऊँ।
चोटी गूँथूँ, रीझ-रीझ जाऊँ।।
बिजली की मैं पायल घड़ाऊँ।
झूमझूम नाचूँ, मगन हो जाऊँ।
वीरा की मैं दासी बन जाऊँ।।

(देखते-देखते सुफला बेहोश होकर कुर्सी से नीचे गिर पड़ती है। ओष्ठसन्धि से हलाहल के फुचके निकलने लगते हैं। वीरा उसे बाँहों में भरना चाहता है। वह छटपटाकर दूर हटती है। उसकी साँसें टूटने-जुड़ने लगती हैं।)

वीरा पासी : सुफला...! सुफला...! सुफला...! वह कौन वैरी है, जिसने मेरी दुनिया उजाड़ दी?

सुफला : *(कँपकँपाते होंठ)* पचास...हज़ार...।

वीरा पासी : *(संहारी नेत्र)* कौन...?

सुफला : *(अंतिम साँस)* भाल...।

(सुफला दम तोड़ देती है। वीरा शोला में तब्दील हुआ दोनों मुट्ठियाँ दीवार पर मारता है और प्रतिशोध की आग लिए मंच छोड़ देता है।)

पर्दा गिरता है।

दृश्य-पाँच

(राणा वेणी माधव सिंह लाल अंगार आँखें लिए मंच पर विराजमान हैं। नंगी तलवार जाँघों पर धरे गहन सोच-विचार में डूबे हैं। कीरत सिंह सहसा मंच पर प्रवेश करता है। अंगरक्षक की राजसी वेशभूषा में है। आवेश और घबराहट की मुद्रा है। कमर से मयम्यान तलवार लटकी है। वह राणा जी के चरणों में बैठ जाता है।)

वेणी माधव सिंह : *(राणा दोनों हाथ बढ़ाते हुए)* कीरत सिंह क्या करते हो यह? अंगरक्षक हो, अपने ओहदे का ख़याल करो। बैठो आसन पर।

कीरत सिंह : राणा जी, गोपनीय है, अगर यक़ीन करो।

वेणी माधव सिंह : कैसी बातें करते हैं, आप। जो राजा अपने अंगरक्षक पर विश्वास नहीं करे, उसका राज कब तक?

कीरत सिंह : *(आसन पर बैठते हुए)* राणा जी, आपने वीरा पासी को अपना सेनापति नियुक्त किया है न...?

वेणी माधव सिंह : *(चौंककर)* क्यों, क्या हुआ?

कीरत सिंह : अंग्रेज़ों ने उसके सिर पर पचास हज़ार का इनाम घोषित कर दिया है।

वेणी माधव सिंह : ख़बर है, मुझे। वीरा वीर है। फिरंगियों की ऐसी धौंस-धमकियों से नहीं दबता।

कीरत सिंह : राणा जी, इसलिए न कि ख़ौफज़दा वीरा अपने प्राण बचाने के ख़ातिर ख़ुद अंग्रेजों के कैम्प में चला गया।

वेणी माधव सिंह : *(कुर्सी से उठकर, तलवार भाँजते हुए)* नहीं...नहीं... कीरत सिंह। शंकरपुर रियासत का सेनापति इतना कापुरुष और दगाबाज़ नहीं हो सकता। नहीं हो सकता। मुझे अंग्रेज़ों ने धोखे से बाल दोहका की जेल में बन्द कर दिया तो यहाँ के एक-एक वीर को मानो

लकवा मार गया। हिम्मत नहीं हुई बीड़ा उठाने की। जिसने बीड़ा उठाया और मुझे जेल से छुड़ाया, वह गद्दार नहीं हो सकता। जा सकते हैं, आप।

कीरत सिंह : हुकुम, मैंने पहले ही कहा था कि मेरी बात पर यक़ीन नहीं होगा, आपको। सच्चाई पर मुश्किल से ही यक़ीन हुआ करता है। पचास हज़ार के लोभ में जब आदमी-आदमी वीरा का बैरी हो गया, वह अंग्रेज़ों से ही जा मिला, चुपके-चुपके।

वेणी माधव सिंह : *(अपनी कुर्सी पर बैठकर, जोर से गर्दन हिलाते हुए)* नहीं...।

कीरत सिंह : राणा जी, राजा अपनी सेना को रसद और तनख़्वाह देता है, लेकिन सेना की बागडोर सेनापति के हाथ होती है, वह अंग्रेज़ों से जा मिला सो जा मिला।

वेणी माधव सिंह : *(अति क्रोधित)* सेनापति होकर ऐसा...?

कीरत सिंह : हाँ हुकुम, जब वह फिरंगियों के कैम्प से लौटा तो सुफला भेद पा गयी। महल का जल-अन्न उसकी रगों में था। वह वीरा के इस क़दम के विरोध में उठ खड़ी हुई। वीरा को बर्दाश्त नहीं हुआ। वीरा ने उसे ज़बरदस्ती नीचे पटका और ज़हर देकर मार दिया।

वेणी माधव सिंह : *(तलवार की मूठ जकड़कर)* वीरा...। वीरा...। ऐसा विश्वासघात! मेरी पीठ में छुरा...। सुफला दासी की हत्या! अरे पापी! अरे अन्यायी! राजदण्ड मिलेगा, तुझे।

कीरत सिंह : *(सहलाती ज़ुबान)* राणा जी, राणा जी एक और बड़ी ख़बर है, जो रह गयी।

वेणी माधव सिंह : जल्दी बताएँ? ख़ून खौल उठा है, मेरा।

कीरत सिंह : आपके वफादार अंगरक्षक भाल सिंह के कान में जब यह ख़बर पड़ी, वह फुर्ती से अपनी पत्नी के साथ वीरा के निवास पर गया। देखते ही वीरा उसकी ओर खाण्डा उठाकर भागा। मुश्किल से जान बचाकर भागा, वह। पत्नी पीछे-पीछे।

वेणी माधव सिंह : वीरा! इतना क्रूर। अपनी पत्नी को मार दिया! खाण्डा लेकर मेरे अंगरक्षक को मारने दौड़ा!

कीरत सिंह : हुकुम, वह इतना साहसी कहाँ? अंग्रेज़ों के बूते सत्ता सुख पाने के मद उन्मत्त है। हुकुम, सुना है वह अपनी पत्नी की लाश को घोड़े पर लेकर निकला है। अपने गाँव में अन्तिम संस्कार करके लौटेगा।

वेणी माधव सिंह : *(तलवार पर मुक्के मारकर)* वीरा...। पत्नी का ख़ून। राज से दगा। न्याय होगा। *(कीरत सिंह की ओर देखकर)* शाबाश कीरत सिंह, मेरी आँखें खोल दीं, आपने!

(राणा चाँदी की थाली पर काठ की हथौड़ी से दो बार ठक-ठक करते हैं। एक व्यक्ति भागा-भागा आता है। दरबान की वेशभूषा में है। हाथ में कटार थामे है।)

वेणी माधव सिंह : दो जेल प्रहरी बुलाओ। हाथ की हथकड़ी और पाँव की बेड़ी साथ लेकर आयें।

कीरत सिंह : हुकुम, आपका न्याय जगजाहिर है। उसके इस संगीन जुर्म का अन्ज़ाम, सज़ा-ए-मौत हो।

(राणा उठ खड़े होते हैं। गद्गद् हुआ कीरत सिंह दरबान के साथ मंच छोड़ देता है।)

पर्दा गिरता है।

दृश्य-छह

(राणा वेणी माधव सिंह मंच पर बैठे हैं। ऊहापोह की स्थिति बनी है। सिर का मुकुट उतार कर चाँदी की चौकी पर रख देते हैं। कभी तलवार की ओर देखते हैं। कभी अपने माथे पर हाथ फेरते मूँछों तक ले आते हैं।)

वेणी माधव सिंह : *(लाल आँखें, स्वगत)* वीरा पासी को सेनापति बना कर बारूदखाने की पहरेदारी माचिस के हाथों सौंप दी, मैंने। इतना भीरु! सिर कलम हो जाने के ख़ौफ़ से अंग्रेज़ों से जा मिला। उस जैसा अजेय योद्धा पाकर अंग्रेज़ों को मज़बूत भेदिया मिल गया। 'फूट डालो और राज करो' अंग्रेज़ों की कूटनीति रही है। वीरा! शंकरपुर रियासत के विरुद्ध छिड़ी जंग में अंग्रेज़ों का साथ दोगे, तुम! मेरा यक़ीन क़तरा-क़तराकर दिया, तुमने। कीरत सिंह सच्चा हितैषी है, राजफाश कर दिया।

(दरबान के साथ दो जेल प्रहरी आकर खड़े हो जाते हैं। एक के हाथ में हाथों की हथकड़ियाँ, दूसरे के हाथ में पाँवों की बेड़ियाँ हैं। दोनों के पास लम्बे-लम्बे नुकीले भाले हैं। वो अपने-अपने कन्धे से भाला लगाकर सिर झुकाये खड़े हो जाते हैं। एकाएक एक जेल प्रहरी के हाथ से हथकड़ी छूटकर नीचे गिर पड़ती है।)

वेणी माधव सिंह : *(आग-बबूला)* प्रहरी...!

जेल प्रहरी : *(हाथ जोड़कर)* क्षमा हुकुम...। हुकुम क्षमा करें।

वेणी माधव सिंह : दुर्बलता सेवा के क़ाबिल नहीं रही।

(सहसा राजा का दीवान भागा-भागा मंच पर आता है। उसके हाथ में नंगी तलवार है। साँस चढ़ी है। बोलते-बोलते होंठ बुदबुदा कर रह जाते हैं।)

वेणी माधव सिंह : *(उसकी ओर निगाह रोककर)* चिन्ता या ख़ौफ़! राज दीवान की साँसें फूली हुई हैं! बोल नहीं पा रहे हैं! *(दीवान के होंठ बुदबुदा कर ही रह जाते हैं।)*

वेणी माधव सिंह : दीवान जी, आपके चेहरे पर उतरा ख़ौफ़! मेरी फ़िक्र बढ़ती जा रही है।

दीवान : हुकुम...। हुकुम। वीरा...!

वेणी माधव सिंह : वीरा पासी! अंग्रेज़ों का वफादार। हमारा गद्दार। पत्नी सुफला का हत्यारा। अंगरक्षक भाल सिंह को मारने पर आमादा। इस ज़ुर्म की कड़ी से कड़ी सज़ा मिलेगी, उसे। विलम्ब न हो, प्रहरी बुला लिए हैं।

दीवान : *(हाथ जोड़कर)* हुकुम...। हुकुम...।

वेणी माधव सिंह : बतायें, स्पष्ट कहें, क्या कहना चाहते हैं, आप?

दीवान : *(हाथ जोड़े हुए ही)* हुकुम...। वीरा को घेर कर उसकी हत्या करेंगे अपने लोग।

वेणी माधव सिंह : नहीं। गुनाह के लिए राजदण्ड मिलेगा, उसे। दरबार में लाने से पहले उसे घेरने की ग़ुस्ताख़ी किसने की?

दीवान : *(काँपते होंठ)* हुकुम...। आपके अंगरक्षक कीरत सिंह और भाल सिंह ने।

वेणी माधव सिंह : सच का ख़ून!

दीवान : हुकुम। सच है।

वेणी माधव सिंह : *(आँखें फैलाकर)* सच? मेरे ओहदेदार!

दीवान : हाँ हुकुम। ख़ौफज़दा अंग्रेज़ों ने वीरा पर पचास हज़ार रुपये का इनाम जाहिर किया है, कीरत सिंह और भाल सिंह इनाम पाने के लिए उसके ख़ून के प्यासे हो गये हैं। हुकुम, कीरत सिंह अंगरक्षक आपका है, वफ़ादार अंग्रेज़ों का।

वेणी माधव सिंह : *(तलवार की म्यान दो-तीन बार थपककर)* असम्भव। सफ़ेद पर स्याह। उसकी वफ़ादारी पर गद्दारी का दाग़।

दीवान : हुकुम। इनाम जल्दी से जल्दी कैसे मुहैया हो। पहले तो बाँदी सुफला के हाथों वीरा को विषपान कराने का षड्यन्त्र रचा गया। सुफला ने ख़ुद ज़हर खाकर मौत का वरण कर लिया।

वेणी माधव सिंह : *(अतिक्रोधित)* दीवान जी, आपकी आँखों पर झूठ की पट्टी बँधी है या मेरी आँखों में कीरत सिंह की सच्चाई है। या मेरे कान वे नहीं, जो सुना!

दीवान : अपने स्वार्थवश, आपको अँधेरे में रखा, उन्होंने। पत्नी के विषपान करने पर आग उगलता वीरा अपना खाण्डा लेकर भाल सिंह को मारने के लिए उसके निवास पर गया। वह मौका पाकर दूसरे रास्ते से भाग निकला।

वेणी माधव सिंह : कीरत सिंह धोखा! भाल सिंह धोखा!

दीवान : हाँ हुकुम, धोखा। जालसाजी। दुरभिसन्धि।

वेणी माधव सिंह : *(सहज)* दीवान जी...?

दीवान : हुकुम, वीरा पासी पत्नी के शव को घोड़े पर लेकर अपने गाँव निकला है, पाँच सैनिकों की टुकड़ी के साथ। कीरत सिंह और भाल सिंह के लिए अच्छा अवसर है, यह। घुड़सवारों के साथ उधर ही कूच कर गये हैं। वे दोनों वीरा को ज़िन्दा या मुर्दा अंग्रेज़ों को सौंपकर इनाम पा लेंगे।

वेणी माधव सिंह : दीवान जी, वीरा को बचाना होगा। और...।

दीवान : *(माथे पर हाथ फेरकर)* उन दोनों बागियों को पकड़ कर क़ैद में डालना होगा।

वेणी माधव सिंह : दीवान जी, आप तुरन्त लौट जायें। सौ-दो सौ घुड़सवारों को अस्त्र-शस्त्र के साथ पाबन्द करें। मैं अपने अश्व पर उधर से आता हूँ।

(वेणी माधव सिंह और दीवान तुरन्त मंच से उतर जाते हैं।)

पर्दा गिरता है।

दृश्य-सात

सूत्रधार : वीरा पासी पत्नी सुफला का अन्तिम संस्कार कर पाँच सशस्त्र घुड़सवारों के साथ भीरा गोविन्दपुर गाँव से लौट रहा होता है। उसके ज़ेहन में सदमा है। आँखों में वियोग है। हृदय में प्रतिशोध की ज्वाला है। भाल सिंह और कीरत सिंह अपनी-अपनी सैनिक टुकड़ियों के साथ शंकरपुर रियासत के निकट बीच मैदान उसे घेर लेते हैं। अकस्मात हुए इस हमले से वीरा पासी सकपका जाता है, लेकिन जीवट नहीं हारता। वह अपने साथियों के साथ आक्रमणकारियों का डटकर मुकाबला करता है। कितने ही खेत रह जाते हैं। कितने हताहत होकर ज़मीन पर गिर पड़ते हैं। कीरत सिंह अपने क्षात्रधर्म को दरकिनार कर वीरा पर वार करने की बजाय उसके घोड़े की बगल में तलवार घुसेड़ देता है। हृदय में धँसी तलवार से अश्व बेदम होता नीचे गिर पड़ता है।

वीरा पासी को इतना भी अवसर नहीं मिल पाता कि घोड़े की जीन के रकाब से अपना पैर निकाल ले। वह जाँघों तक घोड़े के नीचे दबकर विवश हो जाता है। घोड़े के नीचे दबा वीरा अपने खड्ग से दुश्मनों का डटकर सामना करता है। वीरा को मृत्यु के निकट देख उसके घुड़सवार भाग खड़े होते हैं। पचास हज़ार रुपये के इनाम का सपना साकार होता देख कीरत सिंह और भाल सिंह उस पर तलवारों के प्रहारों की झड़ी लगा देते हैं। वीरा के प्रहार से कीरत सिंह का पैर ज़ख़्मी हो जाता है। भाल सिंह मौक़ा पाकर अपनी तलवार से असहाय वीरा का सिर धड़ से अलग कर देता है। भाल सिंह वीरा पासी का लहू टपकता शीश लेकर घोड़े पर आरूढ़ हो गन्तव्य की ओर कूच करता है।

राणा वेणी माधव सिंह अस्त्र-शस्त्रों से लैश अपने लाव-लश्कर के साथ वहाँ पहुँच जाते हैं। लोलुप अव्वल दर्ज़े के कायर हुआ करते हैं। वेणी माधव सिंह नज़र पड़ते ही कीरत सिंह और भाल सिंह मैदान छोड़कर भाग खड़े होते हैं। राणा का संकेत पा कर सैनिक उन दोनों के पीछे दौड़ते हैं और उनको घेर लेते हैं। उनकी सैनिक टुकड़ियाँ राणा की सेना के साथ मिल जाती है। वीरा का शीश लिए जा रहे भाल सिंह के सामने राणा अपना घोड़ा अड़ा देते हैं। राणा को बड़ा सन्ताप होता है। भाल सिंह अपनी तलवार दूर फेंक देता है। अश्व से नीचे उतर जाता है। राणा के पैरों में अपना सिर रखकर-पश्चाताप करता है। वह वीरा का शीश राणा को सौंप देता है।

(राणा वेणी माधव सिंह के दोनों हाथों में वीरा पासी का लहू टपकता शीश थमा है। राणा शीश को लिए मंच के इस कोने से उस कोने तक घूम-घूम कर विलाप-सा करने लगते हैं।)

वेणी माधव सिंह : *(हाथों में थामे शीश की ओर गर्दन झुका कर, स्वगत)* मेरे अंगरक्षक! मेरे सेनापति! मेरे जीवनदाता! मेरी सेना की शक्ति! ओ पराक्रमी, तुम्हारी तलवार की कौंध से ब्रिटिश शासन काँप उठा। लन्दन तक पसीना छूटा। तुम्हारे खंड्ग ने पचास फिरंगियों को मौत के घाट उतारकर देश की धरती सींच दी। ब्रिटिश सत्ता ने तुम्हें ज़िन्दा या मुर्दा सुपुर्द करने पर पचास हज़ार रुपये का इनाम घोषित कर दिया। *(आक्रोशित)* वह शूरवीर पैदा नहीं हुआ, जो तुम्हें रणक्षेत्र में मार गिराता। कायरों ने विवश अभिमन्यु की भाँति तुम्हारा वध कर दिया। देश के गद्दारों और तुम्हारे हत्यारों को कठोर

से कठोर सज़ा मिलेगी। तुम मातृभूमि के लिए शहीद हुए और अमरत्व पा गये। तुम्हारे नाम के मर्सिया पढ़े जायेंगे। *(शीश झुकाकर)* तुम जैसे यशस्वी के सामने मैं नत-मस्तक हूँ। बैसवारा का इलाका ही नहीं, देश का कण-कण तुम्हारा सदैव ऋणी रहेगा। मातृभूमि के सच्चे सपूत, तुम्हें मेरा कोटि-कोटि नमन। *(लहू अपने मस्तक पर लगाकर)* हे रणबाँकुरे! तुम्हारा अन्तिम संस्कार शहीद हुए योद्धाओं के स्मृति-स्थल के निकट करवाया जायेगा। *(झुककर)* वीरवर वीरा!

सब एक साथ मंच पर आकर गाने लगते हैं–

वीरा ने लिया लोहा खूब
अपने गये लालच में डूब
गर्दन पर दुश्मन का चीरा
काम देश के आया वीरा
कण-कण वीरा पैदा होगा
लहू देश की ख़ातिर होगा
अंग्रेज़ों तुम मर जाना डूब
वीरा ने लिया लोहा खूब

बैसवारा की माटी बोल उठी
ताक़त उसकी खौल उठी
उगने लगी सीने पर दूब
वीरा ने लिया लोहा खूब

भाला भांजो, तलवार खींचो
रज-रज अपने लहू से सींचो
भारत माँ की आज़ादी का सपना
वीरा का लहू तब होगा अपना

उठो-जागो त्यागो तुम ऊब
वीरा ने लिया लोहा खूब

सूत्रधार : वीरा पासी एक ऐसा अजेय योद्धा था, जिसका नाम जुबाँ पर आते ही ब्रिटिश सत्ता का ख़ून सूखता था। रोम-रोम भय से काँप उठता था। उसकी शूरवीरता पर शंकरपुर रियासत के राणा वेणी माधव सिंह ने उसे 'वीरवर' कह कर नवाज़ा था।

पटाक्षेप

(नाटक की कुछ घटनाएँ और पात्र काल्पनिक हैं।)

क्रान्तिजनक शहीद
माता दीन हेला

क्रान्तिजनक शहीद माता दीन हेला

पात्र परिचय

माता दीन हेला : बैरकपुर छावनी में खलासी पद पर कार्यरत, उम्र 35 वर्ष

मंगल पाण्डे : 34वीं बंगाल नेटिव इन्फेंट्री का सिपाही, उम्र 30 वर्ष।

लाजो देवी : माता दीन की पत्नी, उम्र 30 वर्ष।

जेम्स ह्यूसन : सार्जेंट मेजर, उम्र 35 वर्ष।

हेनरी बॉग : एडज्यूटेंट लेफ्टिनेंट, उम्र 37 वर्ष।

हिअरसी : कमाण्डिंग ऑफ़िसर लेफ्टिनेंट जनरल, उम्र 45 वर्ष।

इस्लाउद्दीन : पलटन नं. 70 का बैण्ड मास्टर, उम्र 38 वर्ष।

ईश्वरी प्रसाद : क्वार्टर गार्ड का कमाण्डर जमादार, उम्र 34 वर्ष।

शेख पलटू : सिपाही, उम्र 27 वर्ष।

जल्लाद एक : जल्लाद पद पर कार्यरत, उम्र 45 वर्ष।

जल्लाद दो : जल्लाद पद पर कार्यरत, उम्र 22 वर्ष।

जल्लाद पिता : कलकत्ता से लाया गया जल्लाद, उम्र 48 वर्ष।

जल्लाद पुत्र : कलकत्ता से लाया गया जल्लाद, उम्र 25 वर्ष।

अन्य पात्र : जेलर, वार्डर एवं कुछ सैनिक।

अंक-एक

दृश्य-एक

सूत्रधार : भारत का पहला स्वतन्त्रता संग्राम 10 मई, 1857 से प्रारम्भ होता है। अंग्रेज़ों ने इसे म्यूटिनी और रिबेलियन कहा। बावजूद इसके यह ईस्ट इण्डिया कम्पनी के चंगुल से भारत को निकालने की पहली चिंगारी थी, जो बैरकपुर छावनी में 29 मार्च, 1857 को सिपाही मंगल पाण्डे के विद्रोह के रूप में फूटी। उस समय लार्ड चार्ल्स कैनिंग भारत का गर्वनर-जनरल था।

मंगल पाण्डे 34वीं बंगाल नेटिव इन्फेंट्री में सिपाही नम्बर 1446 के रूप में तैनात था। हृष्ट-पुष्ट देहयष्टि का धनी था। माता दीन हेला बैरकपुर छावनी में प्लाटून 70 में कारतूस निर्माण करने वाली इकाई में ख़लासी था। बदन सुदृढ़, स्वभाव से जोशीला। कारतूस निर्माण की गोपनीयता भंग करने और मंगल पाण्डे को यह कहना कि "जब तुम सुअर और गाय की चर्बी लगे कारतूसों को मुँह से खोलकर राइफलों में काम लेते हो, तब तुम्हारा धर्म भ्रष्ट नहीं होता, सहधर्मी को पानी का लोटा देते तुम्हारा धर्म भ्रष्ट होता है।"

माता दीन के इस कथन को मंगल पाण्डे ने फिरंगियों के द्वारा इरादतन साजिश मानकर उनके खिलाफ़

खुली बगावत कर दी थी। उसने परेड के दौरान एक के बाद एक दो अंग्रेज़ अधिकारियों पर प्राणघातक हमला किया। एक को लहूलुहान कर दिया। राजद्रोह के ज़ुर्म में अंग्रेज़ों ने 08 अप्रैल, 1857 को उसे फाँसी दे दी। उसी दिन उससे एक घण्टा पहले माता दीन हेला को भी फाँसी पर लटका दिया गया। यदि मंगल पाण्डे क्रान्ति का बारूद था तो माता दीन हेला उस बारूद को धधकाने वाली माचिस की तीली। यानी मंगल पाण्डे यदि 1857 की क्रान्ति का नायक था तो माता दीन हेला जनक।

(मंच पर मंगल पाण्डे बनियान और लूँगी पहने हुए है। भाल पर त्रिपुण्ड तिलक है। सिर पर चोटी है। जनेऊ लटकी है। वह सैनिक तम्बू के बाहर बिछी टाट पर बैठा है। उसके हाथ में इनफील्ड राइफल है, जिसे वह कपड़े से साफ़ कर रहा है। एक कोने पर रखे लोटे से पानी पीता है और पूर्ववत राइफल साफ़ करने लगता है। माता दीन हेला उधर से गुज़र रहा है। वह ख़लासी की अपनी ड्रेस पहने हुए है। उसे प्यास लगी है। माथे पर पसीना चुहाया है। पानी के लोटे को देखकर ठिठककर, वहीं खड़ा रह जाता है। अँगुलियों से पसीना पोंछ कर नीचे छींटता है।)

माता दीन : *(पानी के लोटा की ओर निगाह बाँधकर)* पाण्डे जी, बड़ी प्यास लगी है, मुझे। अपने लोटे का पानी पिला दो। *(मंगल पाण्डे माता दीन की ओर कनखियों से देखता है। माथा चढ़ाता है और पुन: अपनी राइफल साफ़ करने लगता है।)*

माता दीन : *(थोड़ा नजदीक बढ़कर)* पाण्डे जी, पाण्डे जी। मेरा बैरक दूर है। प्यास के मारे हलक सूखा जाता है। *(वह*

ओक बनाये दोनों हाथ उसकी ओर बढ़ाता है।) पानी पिला दो।

(मंगल पाण्डे लोटा को अपने नजदीक सरका लेता है।)

माता दीन : *(थोड़ा और नजदीक आकर)* पाण्डे जी, सुना नहीं।

मंगल पाण्डे : *(होंठ चढ़ाकर)* ऊँ...उँ...उँ...उँह।

(वह हाथ की फटकारी मार कर माता दीन को आगे बढ़ने का संकेत करता है।)

माता दीन : *(क्षुब्ध)* पाण्डे, तुम सिपाही हो। मैं खलासी हूँ। हम दोनों एक ही बटालियन में अंग्रेज़ों के मुलाज़िम हैं। दोनों सहधर्मी हैं। फटकार-दुत्कार...!

मंगल पाण्डे : *(लोटा पर हाथ रखकर चढ़ी आँखें)* कहा न तुमसे, आगे बढ़ो। आगे बढ़ो। जाओ यहाँ से।

माता दीन : *(ओक होंठों से लगाकर)* पाण्डे जी, पानी पिला दो। पानी पिला दो। अपने लोटे का। *(वह सूखे होंठों पर जीभ फेरता है।)*

मंगल पाण्डे : *(हिकारत)* अरे ओ हेला, दूर हट कर खड़े हो, मुझसे। तुम्हारी छाया पड़ रही है, मुझ पर।

(मंगल पाण्डे राइफल नीचे रख, लोटा लेकर दूसरे छोर पर बैठ जाता है। पानी पीता है और लोटे को दोनों हाथों में थाम लेता है।)

माता दीन : *(आँखें बताकर)* पाण्डे यह ज़ुबान तो नहीं थी, तुम्हारी। आज ऐसा घृणा-भाव!

मंगल पाण्डे : *(होंठ पर होंठ मारकर)* हेला, आश्चर्य है तुमने मुझसे मेरे लोटे का पानी माँगा। तुम इतनी छोटी जात हो, जैसे चरण। मैं इतनी बड़ी जात हूँ, जैसे शीश।

माता दीन : *(आक्रोश दिखाकर)* पाण्डे, तुम भी पहलवानी करते हो और मैं भी इस्लाउद्दीन ख़लीफा के अखाड़े में पहलवानी करता हूँ। हम दोनों कितनी बार अखाड़े में कुश्ती लड़े हैं। मैंने ही तुम्हें हर बार चित किया है।

मैं कभी नहीं हारा तुमसे। बड़ी जात जीतते। जात और जूती को बरोबर समझता हूँ, मैं।

मंगल पाण्डे : *(राइफल की ओर देखकर)* अरे ओ हेला।

माता दीन : पाण्डे, मतलब?

मंगल पाण्डे : *(गुस्साकर)* तुम्हारा नाम माता दीन है न। तुम्हारे नाम के साथ दीन लगा होने के भ्रम मैं तुम्हें इस्लाउद्दीन का शार्गिद समझता रहा। मुझे मालूम पड़ा कि तुम मुसलमान नहीं, भंगी हो। मैं पापबोध से भर गया।

माता दीन : हें! ये तुमने कहा, पाण्डे?

मंगल पाण्डे : *(नाक-भौंह चढ़ाकर)* और नहीं तो क्या। पंचगव्य *(गोदुग्ध, गोघृत, गोमूत्र, गोमेह (गोबर) और गोदही)* मँगवाकर पाँच दिन तक दिन में दो-दो बार नहाया हूँ और माला जप-जप प्रायश्चित किया है, तब तुम्हारी छूत के क्लेश से मुक्त हुआ। जाओ...जाओ। ब्राह्मण का पानी माँगने की हेला को हिम्मत कैसे हुई? जाओ।

माता दीन : यही न तुम जाति और धर्म को बड़ा मानते हो। अंग्रेज़ीराज तुम जैसे जातिवादी सिपाहियों के बूते ही क़ायम है।

मंगल पाण्डे : *(क्रोधित होकर)* हेला! धर्म और जाति के लिए मुँहजोरी!

माता दीन : *(गर्दन उठाकर)* बकवास है, कोरी।

मंगल पाण्डे : बकवास! अरे बहस नहीं मुझसे। सुन, मैं तुम्हें अपने लोटे का पानी नहीं पिलाऊँगा। लोटे के पानी की धार तुम्हारी अंजलि पर गिरेगी। तुम्हारी अंजुलि पर गिरती पानी की धार से लोटा अपवित्र हो जायेगा। लोटा मेरे हाथों में थमा होगा, मैं अपवित्र हो जाऊँगा। ब्राह्मण का अपवित्र होना, धर्म का अपवित्र होना है। जाओ।

माता दीन : *(कुपित नेत्रों से उसकी ओर देखकर)* बस यही धर्म है, तुम्हारा। सहधर्मी से नफ़रत। विधर्मी से मोहब्बत।

मंगल पाण्डे : *(टाट के दूसरी ओर थूककर)* अरे मैंने कहा न तुमसे, जाओ।

माता दीन : *(आगबबूला हुआ थोड़ा आगे बढ़कर)* तो पाण्डे सुनो, कान खोलकर सुनो। *(अँगुली से हवा चीरते हुए)* उस वक़्त तुम्हारा धर्म भ्रष्ट नहीं होता, जब तुम सुअर और गाय की चर्बी लगे कारतूसों को मुँह से तोड़कर अपनी राइफल में भरते हो!

मंगल पाण्डे : *(आँखें निकालकर)* अरे ओ हेला, ये फिकरा है, या हक़ीक़त बयाँ है?

माता दीन : *(हथेली पर हथेली मारकर)* हक़ीक़त। सौ फीसद हकीकत। असलियत है पाण्डे। मैंने तो वहाँ काम करने से मनाकर दिया है। पैकिंग का दूसरा काम करने लग गया हूँ।

मंगल पाण्डे : *(आगबबूला हो, बन्दूक आसमान की ओर तानकर)* हमारा धर्म नष्ट करने वाला अंग्रेज़ीराज मेरी आँख का शहतीर बन गया है। दुश्मन! बैरी! एनिमी! हेला...।

माता दीन : *(आँखें घुमाकर)* धर्म पर आँच आयी तो अंग्रेज़ीराज आँख का शहतीर बन गया। अरे पाण्डे, अगर यह जज़्बा देश के लिए होता! ग़ुलाम नहीं होते, हम।

मंगल पाण्डे : *(बन्दूक ऊपर उठा, ललकार कर)* मारो फिरंगियों को! मारो फिरंगियों को! मारो फिरंगियों को!

(माता दीन मंच से खिसक जाता है। मंगल पाण्डे हाथ में बन्दूक लिए मंच के चारों ओर घूमता हुआ गर्जना करता है...मारो फिरंगियों को! मारो फिरंगियों को!

पर्दा गिरता है।

दृश्य-दो

सूत्रधार : माता दीन हेला से यह सच्चाई जान लेने के बाद कि इनफील्ड राइफलों में प्रयुक्त होने वाले कारतूसों में सुअर और गाय की चर्बी प्रयुक्त होती है, जिन्हें मुँह से खोलकर राइफलों में भरा जाता है। सिपाही मंगल पाण्डे धर्मोन्माद से पागल हो जाता है। न कुछ खाता है, न कुछ पीता है। 29 मार्च, 1857 को वह परेड से बाहर निकल आता है। परेड का निरीक्षण कर रहे सार्जेंट मेजर जेम्स ह्यूसन पर अपनी लोडिड राइफल से गोली दाग देता है। निशाना चूक जाता है। सैनिक टुकड़ी के बीच बुरी तरह अफरा-तफरी मच जाती है। एडज्यूटेंट लेफ्टिनेंट बेंपदे बॉग को जब इस हादसे का मालूम पड़ता है तो वह अपने घोड़े पर सवार होकर घटनास्थल पर पहुँचता है। शोले में तब्दील हो रहा मंगल पाण्डे उस पर भी गोली चला देता है। गोली उसके घोड़े को लगती है और वह नीचे गिर पड़ता है। पाण्डे अपनी तलवार से बॉग पर हमला कर उसे लहूलुहान कर देता है।

एकाएक पाण्डे अँगूठे की मदद से राइफल का ट्रिगर दबाकर अपने ऊपर गोली चलाता है। गोली लगने से उसकी रेजिमेण्टल जॉकेट में आग लग जाती है और बुझाते-बुझाते उसका शरीर कई जगह से झुलस जाता है। ह्यूसन के आदेश के बावजूद कमाण्डिंग जमादार ईश्वरी प्रसाद मंगल पाण्डे को काबू करने से मना कर देता है। एक भी भारतीय सिपाही मंगल पाण्डे को पकड़ने के लिए सामने नहीं आता। शेख पलटू जो अंग्रेज़ों का वफ़ादार सिपाही था, आगे बढ़ता है और मंगल पाण्डे को बाँहों भर काबू में करना चाहता

है। दोनों के बीच मल्लयुद्ध-सा गुँथमगुँथा होता है। गुस्साया पाण्डे उसे दूर फेंक देता है। शेख पलटू और अंग्रेज़ सिपाहियों की मदद से उसे काबू कर लिया जाता है।

(शाम का वक़्त है। शेख पलटू अपने तम्बू में बैठा मन ही मन ख़ुशी मना रहा है कि उसने मंगल पाण्डे जैसे अंग्रेज़ विरोधी को पकड़कर बड़ी बहादुरी दिखायी। दो अंग्रेज़ अफ़सरों की जान बचाने की एवज में उसे सिपाही से जमादार बना दिया गया है। वह कभी इधर सिर झुकाता है तो कभी उधर सिर झुकाकर अंग्रेज़ों को नमन करता है। उसके तम्बू के बाहर बूटों की आहट होती है।)

इस्लाउद्दीन : *(आवाज़ लगाकर)* शेख पलटू, अरे ओ शेख। पलटू...।

पलटू : *(पार्श्व से)* कौन?

इस्लाउद्दीन : *(फिर आवाज़ लगाते हुए)* अरे ओ पलटू। बाहर तो आ।

पलटू : *(पार्श्व से)* कौन हो तुम?

इस्लाउद्दीन : *(कड़ा स्वर)* बाहर आओ।

पलटू : उस्ताद मैं पहचान गया आपकी आवाज़। बस आता हूँ।

(शेख पलटू नंगे पैरों बाहर आता है। लूँगी-कुरता पहने हुए है।)

इस्लाउद्दीन : *(उसके मुँह पर थप्पड़ मारकर)* पलटू। सच में पलटू निकला तू। यथा नाम तथा काम।

पलटू : *(सँभल कर)* क्या! क्या हुआ उस्ताद इस्लाउद्दीन? बेकसूर मुँह पर मारा मुझे।

इस्लाउद्दीन : *(दूसरे गाल पर थप्पड़ मारकर)* तेरा इनाम! अंग्रेज़ों की वफ़ादारी का इकराम! दो अंग्रेज़ों की जान बचाने का तोहफा!

पलटू : चचाजान! चचाजान!

इस्लाउद्दीन : देश से गद्दारी करने वाले पलटू, चचाजान मत कहो, मुझे।

ईश्वरी प्रसाद : *(गिरेबान पकड़कर)* तुमने इंकलाबी सिपाही को अंग्रेज़ों के हाथों पकड़वा दिया।

पलटू : *(ख़ुद को छुड़ाते हुए)* अरे...अरे ईश्वरी प्रसाद तुम भी? गिरेबान छोड़ दो मेरा।

इस्लाउद्दीन : *(उसकी छाती में घूँसा मारकर)* किसे! हत्या करने जैसा पाप करने वाले को जहन्नुम में जगह मिलती है।

पलटू : *(साँस भूलकर)* मारे जाते हो, मुझे। बताओगे नहीं न?

इस्लाउद्दीन : अन्यायी अंग्रेज़ों के जुल्मोंसितम ज़ाँबाज़ सिपाही का हृदय जाग उठा और तुम्हारी अंग्रेज़-वफ़ादारी ने उसे कुचल दिया! *(मुक्का मारकर।)*

पलटू : *(अकड़कर)* बताओगे भी, मारे जा रहे हो?

इस्लाउद्दीन : *(दाँत किटकिटाकर)* रोज़ा रखते हो! नमाज़ पढ़ते हो!

पलटू : हाँ उस्ताद। मैं रोज़ा रखता हूँ। पाँचों टेम नमाज़ी हूँ।

इस्लाउद्दीन : *(मुँह पर थप्पड़ मारकर)* रोज़ादार! नमाज़ी! जिसका हम नाम तक लेना मुनासिब नहीं समझते। गन्दगी का कीड़ा कहते हैं, उसे। तुम उसी जिश्त *(निकृष्ट)* जीव की चर्बी लगे कारतूसों को मुँह से खोलकर राइफलों में भरते हो।

पलटू : कौन-सा जीव? समझा नहीं।

ईश्वरी प्रसाद : सुअर!

इस्लाउद्दीन : *(आँखें बताकर)* अपने मज़हब, ईमान और जमीं को दरकिनार करने वाला मुसलमान नहीं हो सकता। ऐसे बेवफा के लिए नमाज़ हराम है। रोज़ा बेइमानी है।

पलटू : चचाजान, मेरे मज़हब, ईमान और जमीं का बखान मत करो। बेकाबू हो जाऊँ!

इस्लाउद्दीन : तुम्हारी बेवफाई देख ली। बेकाबू होना देखूँ। *(उसके मुँह पर फिर थप्पड़ जड़ देता है।)*

(शेख पलटू उस पर हाथ उठाता है। इस्लाउद्दीन उसका पोंचा पकड़ हाथ मरोड़ता पीछे ले जाता है और उसके

दोनों हाथ पीठ पीछे पकड़कर पैरों से मारने लगता है। शेख पलटू रिरियाने लगता है।)

ईश्वरी प्रसाद : चाटूकार पलटू। देश के आदमी को देश की बात करनी चाहिए। देश का रज। देश का अन्न। जमीर कहाँ गया, तुम्हारा? फिरंगियों के बूते देशद्रोही हो गये।

पलटू : हें!

इस्लाउद्दीन : हें, नहीं हाँ। तुमने अंग्रेज़ों की तरफदारी कर क्रान्तिकारी मंगल पाण्डे को पकड़वा दिया! मुल्क और मज़हब दोनों के साथ गद्दारी की। मैंने तुम्हें अपना शार्गिद इसलिए बनाया था कि गुर सीखकर पाण्डे जैसे वीर को पकड़वाने का दाँव खेलोगे। फिरंगियों की आँख का तारा! धिक्कार। धिक्कार। उस्ताद को धिक्कार। शार्गिद को धिक्कार।

ईश्वरी प्रसाद : अंग्रेज़ों की चापलूसी कर, प्रमोशन पा गया? वाह! सिपाही से जमादार हो गया! वाह! वाह! मुबारक हो। मुबारक हो। *(वह उसके मुँह पर थप्पड़ मारता है।)* *(पलटू क्रोधित होकर ईश्वरी प्रसाद पर थूकता है। वह बच जाता है। इस्लाउद्दीन आवेश में आकर पलटू को ज़मीन पर गिरा देता है। पलटू कसमसाता रहता है।)*

पलटू : *(छुड़ाने की चेष्टा)* उस्ताद। उस्ताद। चचाजान छोड़ दो मुझे, वरना मेरा दाँव...।

इस्लाउद्दीन : *(दबोचा मारकर)* हमारी बिल्ली, हमें ही म्याऊँ। चलाओ दाँव। देश का दुश्मन हम पर दाँव चलायेगा। *(एकाएक पार्श्व से सिपाही आता है। वह शेख पलटू को तलवार भोंक कर चला जाता है। ख़ून बह निकलता है। ईश्वरी प्रसाद और इस्लाउद्दीन चुपके से खिसक जाते हैं। प्रकाशलोप के साथ शेख पलटू के प्राण-पखेरू उड़ जाते हैं।)*

पर्दा गिरता है।

दृश्य-तीन

(मंच पर रखी कुर्सियों पर सार्जेंट मेजर ह्यूसन और एडज्यूटेंट लेफ्टिनेंट बेंपदे बॉग आमने-सामने बैठे हैं। दोनों के हाथों में पिस्तौल है। बॉग अपनी पिस्तौल बेल्ट कवर में खोंस सिगरेट सुलगा कर ह्यूसन की ओर बढ़ाता है। ह्यूसन में इतना ग़ुस्सा भरा हुआ है कि बॉग के द्वारा सुलगाई सिगरेट लेकर उसे नीचे पटक अपने बूट तले मसल देता है। पिस्तौल सामने रखे स्टूल पर रखता है। जेब से सिगरेट का पैकेट और लाइटर निकालता है। सिगरेट सुलगा कर लाइटर बुझाता है और सिगरेट का पैकेट और लाइटर स्टूल पर रख देता है। सिगरेट का लम्बा कश खींचकर गोल मुँह बना धुआँ छोड़ता है। छल्ला धुआँ ऊपर उड़ता जाता है।)

ह्यूसन : *(बेंपदे बॉग से)* मिस्टर बॉग कल के उस डेंजरर्स इवेंट से मैं इतना इम्पेशेंट हूँ कि लेफ्टिनेंट गर्वनर जनरल को क्या रिप्लाई दूँ?

बेंपदे बॉग : *(उसकी ओर देखकर)* रीयली सर, मेरा तो ब्लड सूखा जाता है। हम दोनों का मर्डर होता, अगर पलटू नहीं बचाता। हैण्ड का वाउँड मुझे सोने नहीं देता। *(पट्टी बँधे अपने हाथ की ओर देखता है।)* कल्प्रिट पाण्डे...।

(क्षुब्धता से आँखें चढ़ जाती हैं। दाँत किटकिटाते हैं।)

ह्यूसन : *(पिस्तौल पर हाथ मार कर)* टू बैड। सोरोव, मंगल पाण्डे जैसा फेवरेट सिपाही इतना मिस माइण्ड! हम दोनों पर अटैम्पट टू मर्डर...। *(होंठों से सिगरेट निकाल कर बूट तले मसल देता है।)*

बेंपदे बॉग : एक्चूयली सर, सिपाही शेख पलटू ने उसे काबू न कर लिया होता तो हम दोनों का मर्डर श्योर था।

ह्यूसन : डेफिनेटली मिस्टर बॉग। जिस ब्रेव पलटू ने हमारी जान बचाने में अपनी जान की परवाह नहीं की, हमने उसका प्रमोशन कर सिपाही से जमादार बना दिया हय।

बेंपदे बॉग : *(गर्दन मारकर)* सर। रात शेख पलटू का मर्डर हो गया।

ह्यूसन : *(दाँत किटकिटा कर)* पलटू का मर्डर! हमारे फेवरेट का मर्डर! टू बैड। टू बैड। अरेस्ट द मर्डरर। टू हैंग द मर्डरर।

(ह्यूसन कुर्सी से उठकर, बेंत हाथ में लिए मंच पर घूमने लगता है। बेंपदे बॉग भी उसके साथ-साथ चक्कर काटने लगता है।)

ह्यूसन : *(बेंत को अपनी हथेली पर मारकर)* मिस्टर बॉग, इट इज ए मैटर ऑफ़ वॅरी। सिपाही पाण्डे का यह म्यूटिनी बैरकों में स्प्रेड हुआ ईस्ट इण्डिया कम्पनी तक पहुँच जाये। हण्ड्रेड इयर्स लगे हय, इस्टैबलिश होने में।

बेंपदे बॉग : सर, पाण्डे ने हमारे किसी आर्डर को इग्नोर नहीं किया। ही इज ए पैट सोल्जर, बट!

ह्यूसन : *(आँखें घुमाकर)* बट मीन्स?

बेंपदे बॉग : *(ह्यूसन की ओर देखकर)* सर, कारतूस फैक्ट्री के वर्कर माता दीन खलासी ने उसे प्रोवॉक किया हय।

ह्यूसन : *(बेंत हवा में मार कर)* व्हाट प्रोवॉक...?

बेंपदे बॉग : यस सर। उसने पाण्डे को उकसाया है कि जिन कारतूसों को टुम माउथ से ओपन कर राइफलों में यूज करते हो, उन पर पिग एण्ड काउ का फैट *(चर्बी)* लगा होता है। रिलीजन पर आँच आने के कारण वह प्रोवॉक हो उठा।

(दोनों कुर्सी पर बैठ जाते हैं। ह्यूसन बेंत को अपने बूट की टो पर मारने लगता है।)

ह्यूसन : *(बेंत को ज़मीन पर मारते हुए)* ओह! टू बैड। उस वर्कर का क्राइम तो पाण्डे से भी बड़ा हय। उसने कारतूस मैन्युफैक्चरिंग प्रोसेस की सिक्यूरेसी आउट किया हय।

बेंपदे बॉग : यस सर। दैट रीजन पाण्डे की स्प्रिच्यूएल भावना का

विस्फोट हो गया।

ह्यूसन : *(बेंत को हवा में घुमाकर)* यस मिस्टर बॉग, हमें इस कन्ट्री के नेचर का एग्ज़ामिन करना चाहिए। इण्डिया में कन्ट्री से बड़ा रिलीजन है। हमें यहाँ के सभी रिलीजन्स को प्रोटेक्ट कर कन्ट्री लेना हय। *(गुस्सा के मारे होंठ चढ़ाकर)* मिस्टर बॉग, शेष कारतूसों को गड्ढा खोद कर दबवा दो। उनकी जगह ग्रीस यूज हो।

बेंपदे बॉग : सर, वन सबमिशन प्लीज। इन दोनों कल्प्रिट के जेल में रहते सिपाहियों के दिलों में गदर की फायर धधकती रहेगी।

ह्यूसन : यस, मेरा लेफ्टिनेंट गर्वनर जनरल साहब से टॉक हो चुका हय। इस इवेंट को लेकर उनकी आइज रेड थीं। मीन्स, ही वाज सो एंग्री। ही सेड, उन दोनों को सब सिपाहियों की आइज के सामने हैंगिंग हो, ताकि उनके तड़प-तड़प के मरने का भय सिपाहियों के एंगर को सीज कर दे। उन्होंने आदेश दे दिये हैं कि दोनों का क्यूकलि कोर्ट मार्शल कराओ।

बेंपदे बॉग : सर, कोर्ट मार्शल का डेट...।

ह्यूसन : लेफ्टिनेंट जनरल हिअरसी की एडवाइस के बाद। पॉसिबलि टुमारो ऑफ्टर नून। बट वन मोर थिंग्स।

बेंपदे बॉग : यस सर।

ह्यूसन : यह केस ब्रिटिश वर्सेज माता दीन हेला के नेम रजिस्टर्ड हो।

बेंपदे बॉग : यस सर। यस सर।

(हिअरसी अपनी पिस्तौल कमर को बेल्ट में खोंस लेता है। दोनों अपनी-अपनी सिगरेट सुलगाते हैं और धुआँ छोड़ते हुए उठ खड़े होते हैं।)

प्रकाशलोप के साथ पर्दा गिरता जाता है।

दृश्य-चार

(मंच पर चटाई बिछी हुई है। माता दीन की पत्नी लाजो देवी चटाई पर बैठी चावलों में से काला-काना बीन रही है। रंग साफ़, लम्बा कद, काया गठीली। कानों में चाँदी की बालियाँ, नाक में चाँदी का काँटा और गले में चाँदी का मंगलसूत्र पहने है। माता दीन आकर उसके पास गुमसुम बैठ जाता है। चेहरे पर क्षोभ है, चिन्ता है। उन दोनों के बीच कुछ देर चुप्पी बनी रहती है। माता दीन के होंठ बुदबुदा कर रह जाते हैं। लाजो होंठों तक आये शब्दों को वापस लेकर इधर-उधर देखने लगती है।)

माता दीन : *(उसके कन्धे पर हाथ रखकर)* लाजो।

लाजो देवी : *(उसका हाथ हटा, भड़क कर)* हूँ।

माता दीन : *(उसके कन्धे पर फिर हाथ रखते हुए)* सुनोगी एक बात?

लाजो देवी : *(उसका हाथ फिर हटाते हुए)* हूँ।

माता दीन : आग जैसी है!

लाजो देवी : वह आग जैसी सुन ली है, मैंने।

माता दीन : *(चौंककर)* क्या सुन लिया, तुमने?

लाजो देवी : *(पल्लू सिर पर लेकर)* मंगल पाण्डे ने दो अंग्रेज़ अफ़सरों पर ख़ूनी हमला किया।

माता दीन : *(फिर चौंककर)* लाजो सच में। उस आग की लपटें यहाँ तक पहुँचीं?

लाजो देवी : *(उसकी ओर कड़ी निगाहों से देखकर)* पूरी बटालियन में पुर चुकीं। यहाँ नहीं पहुँचतीं?

माता दीन : लाजो, पाण्डे के दोनों निशाने चूक गये। तलवार से अफ़सर बॉग को ख़ूनमख़ून कर दिया।

लाजो देवी : *(हड़ककर)* यह भी सुन ली है। आग लगाने की थी?

माता दीन : *(मुँह फेरकर)* हुँ। तुम तो खूब जानती हो, मैं बैरकपुर छावनी में कारतूस बनाने वाली फैक्ट्री में खलासी के पद पर हूँ।

लाजो देवी : *(मुँह बिचकाकर)* तो!

माता दीन : वहाँ कारतूस बनाए जाते हैं, जिन्हें बन्दूकों में भरकर चलाया जाता है।

लाजो देवी : *(होंठ चढ़ाकर)* यही कहोगे न कि उन पर सुअर और गाय की चर्बी लगी होती है। सिपाही उन्हें मुँह से खोल कर बन्दूकों में भरते हैं।

माता दीन : *(आश्चर्य का धक्का)* हें! लाजो! *(एक गहरी साँस लेकर मारकर धीरे से)* तुम्हें कैसे मालूम, कारतूसों के मुँह पर सुअर और गाय की चर्बी लगी होती है।

लाजो देवी : जिस अफ़सर के घर मैं सफाई का काम करती थी न, बातों-बातों में उसने मुझे बता दिया था। *(होंठ बिचकाकर)* बदनीयत था, हरामी कहीं का। मैंने जाना छोड़ दिया, उसके वहाँ।

माता दीन : *(आँखें निकालकर)* आज बताया भेद!

लाजो देवी : *(नाक पर बैठी मक्खी उड़ाकर)* ग़ुलाम आदमी पिंजरे में होता है। ग़ुस्सा होने पर ख़ुद को घायल करके रह जाता है।

माता दीन : मैंने तो वहाँ से अपनी सीट बदलवा कर पैकिंग करने का काम ले लिया है।

लाजो देवी : *(चौंककर)* चतुराई चलती है?

माता दीन : हाँ, मैंने जब यह कहा कि मैं हेला जैसी छोटी जाति से हूँ। हिन्दू मुझे अछूत मानते हैं। उन्हें मालूम पड़ा तो वे विद्रोह कर सकते हैं।

लाजो देवी : यह आग क्यों लगाई, तुमने?

माता दीन : कहते कलेजा मुँह को आता है, लाजो।

लाजो देवी : पत्नी से छुपाव करना दुराव है।

माता दीन : सुन लोगी?

लाजो देवी : कहोगे न?

माता दीन : मैं मंगल पाण्डे के बैरक के सामने से गुज़र रहा था। वह अपने तम्बू के सामने चटाई पर बैठा अपनी राइफल साफ़ करने में तल्लीन थां। पानी का लोटा उसके पास रखा था। मुझे प्यास थी।

लाजो देवी : तुमने पानी माँगा होगा, उनसे?

माता दीन : हाँ, प्यास के मारे मेरे प्राण सूखे जाते थे। जब मैंने उससे उसके लोटे का पानी पिलाने के लिए कहा तो उसने जात्याभिमान की मुझे ऐसी फूत्कार मारी, मेरे तन-बदन का रौआँ-रौआँ जल उठा।

लाजो देवी : समझी। यही कहा होगा न, मैं हेला को अपने लोटा का पानी नहीं पिलाऊँगा। छूत लगेगी।

माता दीन : लाजो, बिल्कुल यही कहा था, उसने।

लाजो देवी : उनकी बड़ी जाति का धर्म, तुम्हें भंग करने से...?

माता दीन : प्यास के मारे हलकान हुआ जाता था।

लाजो देवी : तो?

माता दीन : उसके अहंकार को हलाल कर दिया, मैंने भी।

लाजो देवी : उनके अहंकार को हलाल कर दिया तुमने?

माता दीन : लाजो। मैंने उससे कहा, सहधर्मी को पानी पिलाते तुम्हारा धर्म भ्रष्ट होता है। सुअर और गाय की चर्बी लगे कारतूसों को मुँह से खोलकर बन्दूकों में भरते हो, इसमें तुम्हारा धर्म भ्रष्ट नहीं होता!

लाजो देवी : *(नाराज़)* तुम्हारी यह आग जंगल में लगी आग से ज़्यादा फरफराती फैलती गयी है।

माता दीन : दो अंग्रेज़ अफ़सरों पर जानलेवा हमला करने के जुर्म में पाण्डे को जेल में डाल दिया गया है। मैं तो चुपचाप चला आया।

लाजो देवी : तुम्हें भी गुनहगार ठहरायेंगे?

(बूटों की खट-खट करती आवाज़ मंच पर आती है। दो सिपाही हैं। एक के हाथ में हथकड़ी है। दूसरे के हाथ में नक़ाब हैं। ग़ुस्सा में भरा एक सिपाही माता दीन को कॉलर से पकड़ कर उठा लेता है और उसके हाथों में हथकड़ी डाल देता है। दूसरा सिपाही उसका चेहरा नक़ाब से ढक देता है।)

सिपाही : *(माता दीन को घूँसा मारकर)* स्साले। उपद्रव की जड़। छावनी भर में विद्रोह फैलाकर यहाँ आ दुबका? चल...।

(दोनों सिपाही गालियाँ बकते माता दीन को मंच से ले जाने लगते हैं। लाजो देवी पथराईं आँखों से उन्हें देखती रहती है और फिर चावलों से बीना गया काला-काना दोनों सिपाहियों पर फेंक देती है। सिपाही क्रोधभरी आँखों उसकी ओर देखकर माता दीन को साथ लेकर मंच से प्रस्थान कर जाते हैं।)

पर्दा गिरता है।

अंक-दो

दृश्य-एक

(मंच कोर्ट के रूप में प्रयुक्त है। लेफ्टिनेंट जनरल जेबी हिअरसी कोर्टमार्शल जज की कुर्सी पर विराजमान है। सार्जेंट मेजर ह्यूसन उसकी बगल में कुर्सी पर बैठा है। एडज्यूटेंट लेफ्टिनेंट बेंपदे बॉग थोड़ा पीछे हटकर रखी गयी कुर्सी पर बैठा है। उसे कोर्टमार्शल कार्यवाही की रिपोर्टिंग करनी है। हिअरसी काठ के हथौड़े को अपनी टेबल पर दो बार मारता है। जेल के दो वार्डर मंगल पाण्डे को लिए आते हैं। उसके दोनों हाथों हथकड़ियाँ और पैरों में बेड़ियाँ पड़ी हैं। गले में पड़े लोहरिंग और बेड़ियाँ सीखचों से जुड़ीं हैं। खूँखार अपराधी को पहनायी जाने वाली काली पोशाक, चेहरे पर नक़ाब है।)

हिअरसी : *(मंगल पाण्डे की ओर देखकर वार्डरों से)* कल्प्रिट के फेस से मास्क हटाओ।

(दोनों वार्डर पैर धमककर एक साथ मंगल पाण्डे के चेहरे से नक़ाब हटा देते हैं। पाण्डे का रोबीला चेहरा एक तरफ़ से झुलसा हुआ है।)

हिअरसी : *(दोनों वार्डरों की ओर संकेत करके)* दूसरा कल्प्रिट कहाँ है?

वार्डर : सर वह भाग खड़ा हुआ है।

हिअरसी : *(टेबल पर हथौड़ा मारते हुए क्रोध से ह्यूसन की ओर देखते हुए)* व्हाट नानसेंस मिस्टर ह्यूसन। वन कल्प्रिट हैज बीन टू रन अवे। कहाँ भाग गया?

(वह कुर्सी से उठ जाता है और आग्नेय नेत्रों ज़मीन पर धमक-धमक पैर मारता है। उसके साथ ह्यूसन और बेंपदे बॉग भी उठ खड़े होते हैं। उनकी गर्दनें झुकी हैं। हिअरसी अपनी कुर्सी पर बैठ जाता है और काठ के हथौड़े को धीरे-धीरे अपने सिर पर मारने लगता है। ह्यूसन और बेंपदे बॉग भी अपनी-अपनी कुर्सी पर बैठ जाते हैं और अपनी अँगुलियाँ माथे पर मारने लगते हैं।)

हिअरसी : *(ह्यूसन की ओर आँखें उठाकर झिड़कते हुए)* उस टाइम क्वार्टर होम गार्ड ड्यूटी पर थे। वन कल्प्रिट हैज बीन एसकेप्ड?

ह्यूसन : *(गर्दन झुकाकर)* सर।

हिअरसी : जो-जो ड्यूटी पर थे, उन सबको सरेआम चार-चार कोड़े लगाओ। उनका एक एक मंथ का पे रोक दो।

ह्यूसन : *(दूसरी ओर देखकर)* यस सर। यस सर।

बेंपदे बॉग : सर, विल बी इम्पलीमेंटिड।

(एक वार्डर भागा-भागा आता है। वह सैल्यूट कर सीधा खड़ा रह जाता है।)

ह्यूसन : *(उसकी ओर देखकर)* यस मिस्टर यू।

वार्डर : सर, दो सिपाही माता दीन हेला को पकड़कर ले आये हैं। अपने घर दुबका था, वह।

हिअरसी : *(टेबल पर हथौड़ा मारकर)* ओह, गुड डन! गुड डन! गुड डन! उस फ्यूगिटिव कल्प्रिट को पेश करो। खतरनाक।

(वार्डर पैर धमककर लौट जाता है। तदोपरान्त दो सिपाही माता दीन हेला को हथकड़ी पहनाये मंच पर लाते हैं। उसका चेहरा नक़ाब से ढका हुआ है।)

हिअरसी : *(क्रोध से)* थ्रो द क्लॉथ फ्रॉम हिज फेस।

(दोनों सिपाहियों के हाथ एक साथ उसके नक़ाब की ओर बढ़ते हैं और उसे उतारकर दूर फेंक देते हैं। बड़ी-बड़ी मूँछों और बढ़ी दाढ़ी, दमकते चेहरे वाला एक नौजवान सामने खड़ा है। उसको देखकर हिअरसी कोर्टमार्शल जज की सीमाओं को लाँघता हुआ हाथ में बेंत लेकर कुर्सी से उठता है। उसके साथ ह्यूसन और बेंपदे बॉग भी उठ खड़े होते हैं। हिअरसी बेंत घुमाता हुआ मंगल पाण्डे और माता दीन दोनों के गिर्द एक चक्कर काटता है और फिर बेंत माता दीन की पीठ पर मारता है।)

हिअरसी : डंकी। यू भाग खड़े हुए। इनसेक्ट। इट इज द बटालियन ऑफ़ ईस्ट इण्डिया कम्पनी। यू आर ऑनली ए सर्वेंट। टुम हमारे फेवरेट डॉग जैसे हय। *(दोनों सिपाहियों से)* इसे बाहर ले जाओ।

(दोनों सिपाही पैर धमककर हिअरसी को ज़ोरदार सैल्यूट देते हैं और माता दीन को बाहर ले जाते हैं। हिअरसी दाँत किटकिटाता हुआ जज की कुर्सी पर आकर बैठ जाता है। ह्यूसन और बॉग भी अपनी-अपनी कुर्सी पर आकर बैठ जाते हैं। अब तीनों की निगाहें लोहा बँधे खड़े मंगल पाण्डे पर ठहर जाती हैं।)

हिअरसी : *(मंगल पाण्डे की ओर संहारी आँखों से घूरकर)* यू आर मंगल पाण्डे?

मंगल पाण्डे : यस, इट इज आई, मंगल पाण्डे।

(मंगल पाण्डे लोहरिंग पर गर्दन से टक्कर मारता है। उसका चिबुक गले में पड़े लोहरिंग से टकराता है। टंकार उठता है।)

हिअरसी : *(उसकी ओर घूरकर)* टुम तो हमारे फेवरेट सिपाहियों की लिस्ट में हय। यह...। दो अंग्रेज़ ऑफ़िसर पर एटेम्पट टू मर्डर के डोसी हो गये हय?

(मंगल पाण्डे तमतमाते चहरे आँखें चढ़ाए रहता है।)

हिअरसी : दो अंग्रेज़ अफ़सरों पर एटेम्पट टू मर्डर के कल्पेबल *(गुनहगार)*? मंगल पाण्डे...!

मंगल पाण्डे : *(तपाक से)* यस मैं ही मंगल पाण्डे हूँ।

हिअरसी : *(दाँत पीसते हुए)* पाण्डे, स्टुपिड हो टुम। डीयर को लायन की ओर हार्न उठाते देखा हय? टुमने अंग्रेज़ीराज से विद्रोह कर हैंगिंग की ओर अपना स्टेप बढ़ा दिया है।

मंगल पाण्डे : *(हिअरसी की आँखों का सामना करते हुए आँखें मिलाकर कहता है)* नो कमेंट।

हिअरसी : पाण्डे, टुमे टुमारे हॉली ग्रन्थ गीता का शपथ, टेल रीयली?

मंगल पाण्डे : *(पूर्ववत)* यस।

हिअरसी : जिस टेम टुमने दो अंग्रेज़ ऑफ़िसरों पर गन से गोली चलाया और मिस्टर बॉग पर स्वोर्ड से अटैक किया, यू वर इनमाइंड आर नशा लेता हय?

मंगल पाण्डे : *(ऊँचे स्वर में)* यस, मैं भाँग के नशे में था।

हिअरसी : ब्रिटिश इन्फेंट्री का सिपाही होकर नारकोटिक?

मंगल पाण्डे : मैं ब्राह्मण हूँ। भाँग लेना हमारे धर्म में भी है और संस्कार में भी। जैसे इसाई धर्मावलम्बियों को वाइन लेने की इजाजत है।

हिअरसी : टुमने भाँग के नशे में यह क्राइम किया या रिलीजन के नशे में?

मंगल पाण्डे : *(हथकड़ी जड़े हाथों की मुट्ठियाँ भाँजकर)* हमारे धर्म को भ्रष्ट करने वाले फिरंगियों अपना बोरिया-बिस्तर बाँध लो, तुम। तुम्हारे जुल्म अब सहन नहीं होंगे हमसे।

(वह दायाँ पैर धमकता है। बेड़ियों की आवाज़ गूँजती है। दोनों हाथों की मुट्ठियाँ बजाता है, हथकड़ियाँ बजती हैं। क्रोधित हिअरसी, ह्यूसन और बॉग तीनों एक-दूसरे की ओर देखने लगते हैं।)

हिअरसी : *(हिअरसी आगे की कार्यवाही जारी रखते हुए)* मिस्टर पाण्डे, टुम नहीं जानते क्रिश्चियन आर सो स्प्रिचुअल। वे न किसी के रिलीजन की ओर अँगुली उठाते हय एण्ड न ही किसी के रिलीजन को अनप्योर कर सिनिकल होना चाहते हय।

(मंगल पाण्डे क्रोध से काँप उठता है। उसके पैरों की बेड़ियाँ और हाथों की हथकड़ियाँ झंकार उठती हैं।)

मंगल पाण्डे : *(आँखें तरेरकर)* क्रिश्चियन और आस्तिक! कारतूसों पर सुअर और गाय की चर्बी लगाकर भारतीय सिपाहियों के मुँह से कटवाते हो? आस्तिक! *(वह थूकता है। हिअरसी और ह्यूसन की आँखें जल उठती हैं।)*

(हिअरसी बेंत लेकर उठता है, लेकिन ग़ुस्सा पीकर फिर अपनी सीट पर बैठ जाता है। उसके साथ वे दोनों उठते हैं और उसके बैठ जाने पर वापस बैठ जाते हैं।)

हिअरसी : *(बेंत उठाकर)* चुप। चुप। चुप। टुम कोर्टमार्शल कठघरे में खड़े हो। रेसलिंग का फील्ड नहीं है, यह। रयूमर पर बिलीव करना लेसइंटलीजेन्सी है, टुमारी।

मंगल पाण्डे : *(मुट्ठियाँ भींचकर)* जो स्वयं उन कारतूसों का निर्माण करता हो, उसकी ज़ुबान पर बिलीव न हो।

हिअरसी : *(ग़ुस्साकर)* हू इज दिस?

ह्यूसन : सर, माता दीन हेला।

हिअरसी : *(ह्यूसन की ओर आँखें निकालकर)* मिस्टर ह्यूसन, इट इज द कोर्टमार्शल रूम। कठघरे में खड़े व्यक्ति को बोलने दो। विटनेस हो। *(मंगल पाण्डे की ओर देखते हुए)* बोलो, हू स्प्रीड दिस रयूमर?

मंगल पाण्डे : जिस पर आपने अपना बेंत बरसाया था, अभी। माता दीन हेला।

(हिअरसी टेबल पर काठ का हथौड़ा मारता है। गेट के बाहर खड़ा सिपाही भागा-भागा आता है और सैल्यूट कर सावधान की मुद्रा में खड़ा हो जाता है।)

हिअरसी : माता दीन हेला को लेकर आओ।

(दो सिपाही माता दीन हेला को लेकर मंच पर आते हैं। वह हथकड़ियाँ जड़े अपने शरीर को तानकर खड़ा हो जाता है।)

हिअरसी : *(माता दीन की ओर ख़ूनी नज़रों से देखते हुए)* यू हय माता दीन हेला?

माता दीन : *(सिर उठाकर)* हाँ, मैं माता दीन हेला।

हिअरसी : *(मंगल पाण्डे की ओर अँगुली का इशारा कर)* टुम इस पर्सन को जानटे हो?

माता दीन : जानता हूँ, खूब जानता हूँ। आप भी जानते हैं, खूब जानते हैं, मंगल पाण्डे।

हिअरसी : यस, मंगल पाण्डे ने दो अंग्रेज़ ऑफ़िसरों पर अटैम्पट टू मर्डर किया। उसके हण्ड्रेड परसेंट जिम्मेदार टुम हो। जिस थाली में खाया, उसी में होल कर दिया। ब्रीच ऑफ़ ट्रस्ट! अनफेथफुल! *(वह आँखें निकालता है।)*

माता दीन : जब इसने मेरी जाति को लेकर मुझे अपमानित किया तो मैंने भी इसे इसके धर्म की औकात बता दी।

ह्यूसन : बोथ आर को-रिलिजियस? मतलब टुम दोनों एक रिलिजन के हय?

माता दीन : हमारे यहाँ जाति बड़ी होती है, धर्म छोटा। समान धर्मावलम्बी होने के बावजूद इसने जाति के नाम पर मुझे बेइज्जत किया।

हिअरसी : *(ग़ुस्साकर)* और टुमने धर्म के नाम पर सारी बटालियन में आग लगा दी? सिक्यूरिटी भंग कर अपना फेथ

ख़त्म कर लिया? गद्दार! स्नेक इन द ग्रास *(आस्तीन का साँप)*! *(वह आँखें निकाल दाँत किटकिटा कर रह जाता है।)*

माता दीन : *(दोनों हाथों की हथकड़ियाँ बजाकर)* अरे ओ अंग्रेज़, बस।

हिअरसी : *(बेंत का हवा में वार कर)* चुप। चुप। चुप। *(मंगल पाण्डे की ओर देखकर)* टुमे कितने ईयर हुए ईस्ट इण्डिया कम्पनी की इन्फेंट्री में रिक्रूटमेंट हुए?

मंगल पाण्डे : *(गर्दन उठाकर)* नौ साल।

हिअरसी : कितने कारतूस अलॉट हुए टुमे?

मंगल पाण्डे : लगभग एक हज़ार।

हिअरसी : व्हेयर आर दे यूजफुल?

मंगल पाण्डे : दाग दिये गये।

हिअरसी : किन पर?

(मंगल पाण्डे निरुत्तर इधर-उधर देखता रहता है।)

हिअरसी : वन मोर टॉक?

मंगल पाण्डे : हुँ।

हिअरसी : *(माथे पर सिलवटें चढ़ाकर)* टुमने अपनी राइफल के ट्रिगर को फुट के थम्ब से दबाकर सुसाइड करने का एफर्ट किया?

मंगल पाण्डे : हुँ।

हिअरसी : ओ.के.। *(माता दीन की ओर आँखें निकालकर)* टुमे रिक्रूटमेंट हुए कितने ईयर हुए, माटादीन?

माता दीन : *(तपाक से)* बारह।

हिअरसी : टिल नाउ, टुमने कितने कारटूस बनाये?

माता दीन : लगभग दस हज़ार।

हिअरसी : कहाँ गये?

माता दीन : बटालियन की पलटनों में अलॉट कर दिये गये, सिपाहियों को।

हिअरसी : देन?

माता दीन : *(धीरे-से)* खप गये।

(निरुत्तर माता दीन अवाक होकर इधर-उधर देखता रहता है।)

हिअरसी : आई नाउ। प्लीजर! प्लीजर! इण्डियन रिलीजन को अपने कन्ट्री से बड़ा मानते हैं। म्यूटिनी का यह फायर रिलीजन पर आँच आने के कारण है। *(दोनों सिपाहियों की ओर इशारा करते हुए)* ले जाओ, इसे। — डंकी। (सांस मारता है।)

(दोनों सिपाही मंगल पाण्डे को मंच से ले जाते हैं। हिअरसी फिर टेबल पर हथौड़ा बजाता है। दोनों सिपाही फिर आकर खड़े हो जाते हैं।)

ह्यूसन : इस माटाडीन हेला को भी ले जाओ। दोनों को जेल के सेल में पटक दो।

हिअरसी : *(फ़ैसला सुनाते हुए)* सज़ा-ए-मौत। हैंगिंग। फर्स्ट माटाडीन हेला, सैकण्ड मंगल पाण्डे। डेटेड एटीन अप्रैल, एटीन फिफ्टी सेवन (18.04.1857)

साइन–

डेटिड 06.04.1857

(दोनों सिपाही माता दीन हेला को मंच से ले जाते नज़र आते हैं।)

(हिअरसी उन दोनों को फाँसी की सज़ा सुनाकर अपने हस्ताक्षर करता है फिर लाल पेन की निब को काग़ज़ पर तोड़कर उठ खड़ा होता है। ह्यूसन और बॉग भी उसके साथ उठ खड़े होते हैं।)

प्रकाशलोप के साथ पर्दा गिरता जाता है।

दृश्य-दो

(मंच पर मंगल पाण्डे और माता दीन हेला छह बाइ चार की कोठरी में क़ैद हैं। दोनों ज़मीन पर बैठे हैं। एक कोने में पानी का लोटा रखा है। कुछ समय तक मंगल पाण्डे जात्याभिमान से माता दीन से दूरी बनाये एक कोने में बैठा रहता है। प्यास लगने पर माता दीन जब लोटे की ओर हाथ बढ़ाता है तो वह उसको रोकने की कोशिश नहीं करता। प्यास के मारे मंगल पाण्डे जब क्लान्त होने लगता है तो वह पहले अपने संकुचन को पीता है और फिर लोटा लेकर गट-गट पानी पी जाता है।)

माता दीन : *(मंगल पाण्डे की ओर देख लम्बी साँस छोड़ते हुए)* पाण्डे, इस वर्ण-व्यवस्था के कारण हमें यह दिन देखना पड़ रहा है। मुट्ठी भर अंग्रेज़ों की बिसात! हमारे इतने बड़े मुल्क को कब्ज़ाते चले जायें। जात की 'मैं' ने हमारे मुल्क को ग़ुलाम करा दिया।

मंगल पाण्डे : *(आँखें फिराकर)* हुँ।

(मंगल पाण्डे अपने दोनों हाथों की हथेलियाँ फैला कर उन्हें देखता है।)

माता दीन : नफ़रत के मुखौटे तले इन्सान नज़र नहीं आते। कौमपरस्ती राष्ट्रहित में बाधक बनी रही। *(पाण्डे की ओर मुड़कर)* पाण्डे, यदि हर जाति के हाथ में तलवार होती, विदेशी अपने पैर यहाँ नहीं जमा पाते। हम एक ही देश के वासी हैं। किसी के हाथ में पतरा है। किसी के हाथ में तराज़ू है। किसी के हाथ में सेवा है। जिनके हाथ में तलवार है, उनकी तलवारें फिरंगियों की चाटुकार हैं।

मंगल पाण्डे : *(पाँच फीट ऊँची छत की ओर देखकर)* हम दोनों का कोर्टमार्शल हो चुका है, दीन।

माता दीन : *(दूसरी ओर देखकर)* विधर्मियों को गले लगाओ। अपनों से दूरी बनाओ। यही हश्र होगा। पाण्डे, ग़ुलाम का अपना शरीर तो क्या, साँसें तक उसकी नहीं होतीं। *(व्यंग्य से)* एक बात तो है पाण्डे, बुरे में भी कहीं अच्छा निहित होता है।

मंगल पाण्डे : *(दीवार की ओर देखकर)* वह क्या?

माता दीन : ग़ुलामी ने हम दोनों के बीच जात-पात का बन्धन मिटाकर एक कोठरी में क़ैद करा दिया है।

मंगल पाण्डे : *(बात टालते हुए)* दीन, बताओ न हमें उम्रक़ैद होगी या फाँसी?

(माता दीन चुप रहता है। पाण्डे आँखें मिचमिचाकर इधर-उधर देख विवश साँस मारता है।)

मंगल पाण्डे : *(अपनी हथेली पर मुक्का मारकर)* तुम्हें अपने लोटा का पानी नहीं पिलाकर मैंने पानी में आग लगा दी है, दीन।

माता दीन : *(माथे पर हाथ फेरकर)* मेरी छाया से भी दूर भागने वाला, उसी लोटे से पानी पीता है। पानी-पानी होता है, जात नहीं।

मंगल पाण्डे : चुप करो, दीन।

माता दीन : *(माथे पर हाथ फेरकर)* धर्म का नशा, जाति का नशा, भांग का नशा। राष्ट्रप्रेम कहाँ है, तुम्हारा?

मंगल पाण्डे : बस...बस। दीन, हमें सज़ा-ए-मौत या उम्रक़ैद!

माता दीन : जो होगा, देश के लिए उचित होगा।

मंगल पाण्डे : फिर भी...?

माता दीन : *(धीरे से)* पाण्डे चुप, किसी के आने की आहट आ रही है।

(रात होने को है। जेल प्रहरी चार रोटियाँ और पतली-सी दाल की दो कटोरियाँ लेकर आता है। सीखचों के गेट के नीचे से थाली सरका देता है। पानी भरे झारा की नाल सीखचों के भीतर कर उनके लोटे को पानी से भर देता है और लौट जाता है। पाण्डे को भूख है। वह रोटी का एक निवाला तोड़ कर दाल के साथ खाने लगता है। रोटी में आयी किरकर और दाल में आये कंकर को वह चुभला कर रह जाता है, निगल नहीं पाता।)

मंगल पाण्डे : *(चुभलाता हुआ मुँह बनाकर)* दीन, न रोटी खायी जाती है, न दाल। रोटी में रेत है। दाल में कंकड़ है।

माता दीन : *(तपाक से)* पाण्डे, जेल में जितने भी देशप्रेमी बन्द है न, उन्हें ऐसा ही भोजन दिया जाता है। सितमगर अंग्रेज़ों का तंज है, 'जिस मिट्टी से प्रेम करते हो, उसे खाओ।'

(पाण्डे जल्दी-जल्दी दोनों रोटी खाता है। कुल्ला करता है और मुँह का कुल्ला सीखचों के बाहर फेंक देता है।)

मंगल पाण्डे : *(सीने पर हाथ मारकर)* दीन, मिट्टी का कण मिला अन्न खाकर मुझे अपने देश से प्रेम हो गया है।

माता दीन : देर आये, दुरुस्त आये।

मंगल पाण्डे : फिरंगियों को इसी मिट्टी में मिलाना होगा।

माता दीन : *(साँस रोककर)* जान बचेगी, तब न।

मंगल पाण्डे : हें...। सज़ा-ए-मौत!

माता दीन : हाँ। 18 अप्रैल को फाँसी होनी है, हम दोनों को। आज छह तारीख को कोर्टमार्शल हुआ। बारह दिन शेष हैं, पाण्डे।

मंगल पाण्डे : *(एक गहरी साँस लेकर)* तुम्हें कैसे मालूम कि हमें फाँसी होगी? उम्रकैद...।

माता दीन : कोर्ट मार्शल के बाद सिपाही तुम्हें पहले ले आये थे। कोर्ट जज हिअरसी ने अपनी लाल स्याही का निब तोड़ते हुए कहा था, 18 अप्रैल को इन दोनों को फाँसी पर लटका दो।

मंगल पाण्डे : *(आवेशभरी अंगड़ाई लेकर)* चलो, देश के लिए काम आयेंगे। हमारी कुर्बानी देश की आज़ादी में तब्दील हो।

माता दीन : *(पुलकते हुए)* वाह! मेरी वह अन्तर्वेदना फलीभूत हुई। धर्मपरायण में देशप्रेम की भावना जाग्रत हुई। अंग्रेज़ों को अपना बोरिया-बिस्तर समेटकर भागना होगा।

मंगल पाण्डे : धन्य हो माता दीन। तुमने एक धर्मनिष्ठ सिपाही को देशभक्त बना दिया।

माता दीन : हमारे लहू की एक-एक बूँद लाखों-लाख क्रान्तिकारियों को जन्म देगी।

(माता दीन हेला रोटी खा, कुल्ला करके कुल्ला का पानी बाहर फेंकता है और लोटे में रखा पानी पीता है। शेष बचे पानी को मंगल पाण्डे पी जाता है। अँधेरा घिरने लगता है। दोनों एक-दूसरे की ओर पैर करके लेट जाते हैं।)

(पर्दा गिरता है)

दृश्य-तीन

सूत्रधार : माता दीन हेला और मंगल पाण्डे का कोर्ट मार्शल 6 अप्रैल, 1857 को हुआ था। कोर्ट मार्शल शीट पर दिये निर्देश के मुताबिक इन दोनों को 18 अप्रैल, 1857 को फाँसी दी जानी थी। कमाण्डिंग ऑफ़िसर लेफ्टिनेंट जनरल हिअरसी ने केस की गम्भीरता और परिणामों के मद्देनज़र इस तिथि को बदल कर 8 अप्रैल, 1857 करवा लिया। उनका तर्क यह था, दोनों को ज़्यादा दिनों तक ज़िन्दा रखने पर सिपाही–विद्रोह दिनोंदिन उग्र रूप धारण करता जाएगा।

(07 अप्रैल, 1857 की दोपहर। मंच पर जेलर अपने कक्ष में कुर्सी पर बैठा है। उसने हैट उतारकर टेबल पर रख दिया है। सिर गंजा है। कनपटी से लेकर गुद्दी तक श्वेत-श्याम बालों की चाप-सी बनी हुई है। दो वारंट उसके हाथ में हैं। वह दोनों वारंटों को टेबल पर रखकर उन पर गोल-सा एक पत्थर रख देता है। जेलर घण्टी बजाता है। प्रहरी आता है और सैल्यूट कर आदेश के इन्तज़ार में सीधा खड़ा रह जाता है।)

जेलर : *(उसकी ओर गर्दन घुमाकर)* जल्लाद पिता यानी जल्लाद नम्बर एक और जल्लाद पुत्र यानी जल्लाद नम्बर दो, दोनों को हाज़िर करो।

(वह पैर धमककर लौट जाता है। जूनियर आता है और सैल्यूट कर जेलर के सामने रखी कुर्सी पर बैठ जाता है।)

जेलर : *(उसकी ओर देखकर)* जूनियर!

जूनियर : यस सर।

जेलर : कमाण्डिंग ऑफ़िसर लेफ्टिनेंट जनरल हिअरसी कोर्टमार्शल के वक़्त मंगल पाण्डे पर इतना ख़फा नहीं हुए, जितना माता दीन हेला पर।

जूनियर : यस सर। मंगल पाण्डे ने दो अफ़सरों पर गोली चलायी, तलवार से बेंपदे को घायल कर दिया। इतना बड़ा ज़ुर्म करने के बावजूद हिअरसी ने कोर्ट के नियम तोड़कर बेंत माता दीन हेला पर फटकारा।

जेलर : *(दोनों वारंट हाथ में लेकर)* फाँसी के वारंट आ गये हैं, उनके। माता दीन हेला को पहले फाँसी दी जायेगी, उसके एक घण्टे बाद मंगल पाण्डे को फाँसी होगी।

जूनियर : सर, यही न कि माता दीन अगर इस विद्रोह की बारूद है तो मंगल पाण्डे आग।

जेलर : यस।

जूनियर : जेलर सर, एक बात जो कहनी है। वह ड्यूटी से बँधे सर्विसमैन को अपनी ज़ुबान पर नहीं लानी चाहिए।

जेलर : यस। कहो-कहो, नि:संकोच कहो। हम दोनों ही तो हैं, यहाँ।

जूनियर : सर, मंगल पाण्डे देश का पहला क्रान्तिकारी है, जिसने यह ज़िन्दादिली दिखायी। 'मारो फिरंगियों को' का नारा देकर एक-एक भारतीय सिपाही के हृदय में अंग्रेज़ीराज के विरुद्ध खिलाफ़त भर दी।

जेलर : *(कुर्सी से उठकर क्रोध से)* चुप! चुप! चुप! मिस्टर जूनियर, राजद्रोही की प्रत्यक्ष या परोक्ष हौसला अफ़जाई करना बगावत की श्रेणी में आता है।

जूनियर : सर, मैं यह दावे से कह सकता हूँ। धर्म पर आयी यह आँच ज़रूर गुल खिलायेगी। कितना अच्छा हो धर्म के दिये की इस 'लौ' को देश की माटी पकड़ ले।

जेलर : *(कुर्सी पर बैठकर)* फिर वही बात। चुप रहो। दीवारों के भी कान होते हैं। इन दोनों को फाँसी लगते ही सब शान्त पड़ जायेंगे। जल्लाद बुला लिए हैं।

जूनियर : सर, यह जल्लाद क़ौम भी बड़ी विचित्र क़ौम है। ज़िन्दा व्यक्ति के गले में फँदा डालकर झटके के साथ उसके पैरों तले से तख़्ता हटा देते हैं और अन्तिम साँस तक उसे तड़पते देखते रहते हैं। कितना क्रूर! कितना हृदय विदारक! बर्बर! पाशविक! ओ हंगमैन!

(प्रहरी आता है और सैल्यूट देकर सावधान की मुद्रा में खड़ा हो जाता है।)

जेलर : *(उसकी ओर देखकर)* पिता-पुत्र दोनों जल्लाद आ गये?

प्रहरी : *(मुट्ठी बँधे हाथों, दोनों पँजों पर उचककर)* यस सर, बाहर खड़े हैं।

जेलर : उनको वहीं खड़ा रहने दो। एक कुर्सी उठाकर बाहर रख दो। वहीं बैठकर वारंट समझा देता हूँ।

(दोनों जल्लाद मंच के एक कोने में खड़े हैं। एक की कमीज़ पर नम्बर एक लिखा है, वह जल्लाद पिता है। दूसरे की कमीज़ पर नम्बर दो लिखा है, वह जल्लाद पुत्र है। दोनों लम्बे-तगड़े और ऊँची कदकाठी के हैं। प्रहरी कुर्सी उठाकर लाता है और बाहर रख देता है। जेलर दूसरी ओर से मंच पर आता है और सामने रखी कुर्सी पर बैठ जाता है। उसके हाथ में दो वारंट हैं। दोनों जल्लाद विह्वल मुद्रा में हैं। आक्रोश उनकी आँखों में ही नहीं, खुँटियायीं दाढ़ी और बड़ी-बड़ी मूँछों में भी है।)

जेलर : *(दोनों की ओर एक साथ देखकर)* जल्लादो!

दोनों एक साथ : जी।

जेलर : कल सुबह दो नामजद गुनहगारों को फाँसी होनी है। वारंट आ चुके हैं, मेरे पास। *(वह दोनों वारंट लहरा कर दिखाता है।)*

जल्लाद एक : *(आँखें उठाकर)* गुनहगार!

जेलर : और नहीं तो क्या। राजसत्ता के खिलाफ़ विद्रोह करने वाले गुनहगार। एक ने दो अफ़सरों पर कातिलाना हमला करने का जुर्म किया, दूसरे ने उसे ऐसा करने के लिए उकसाया।

जल्लाद एक : *(हथेली से हथेली रगड़कर)* हमारे इस एक देश में दो ख़ून हैं। एक ख़ून देश के लिए क़ुर्बान हो जाना चाहता है। दूसरा ख़ून चन्द रुपयों के लिए उस ख़ून का ख़ून करता है। *(हाथ और गर्दन एक साथ हिलाकर)* ये ख़ून नहीं होंगे, हमसे। फाँसी अपराधी को दी जाती है, देशभक्त को नहीं।

जेलर : *(हाथ उठाकर)* जल्लाद! चुप।

जल्लाद दो : *(अँगुलियों में अँगुलियाँ फँसाकर)* जेलर साहब, सच कहा है, मेरे बापू ने। जल्लाद की ज़िन्दगी बड़ी क्रूर और तंगदिल होती है। इसका मतलब यह तो नहीं कि वह हृदय विहीन होता है। हम देश के जज़्बात को फाँसी नहीं देंगे।

जेलर : *(कुर्सी से उठ कर क्रोध से)* जल्लाद और ये तेवर! फाँसी के वारंट आ चुके हैं, उन दोनों के। वारंटों को अन्ज़ाम देना जल्लाद की निष्ठा और उसका धर्म है।

जल्लाद एक : *(सीना तानकर)* जेलर...। कहा न, क्रान्तिकारी वीरों को फाँसी नहीं देंगे, हम।

जेलर : *(क्रोध से काँपते हुए)* तुम्हारा स्वर स्वयं में राजद्रोह है!

जल्लाद एक : *(हाथ ऊपर उठाकर)* मेरा स्वर भारत की माटी का रज है।

जल्लाद दो : *(आकाश की ओर मुट्ठी भाँजकर)* ये देश हमारा है। हम देश के हैं। देशप्रेमियों को फाँसी नहीं देंगे। नहीं देंगे। नहीं देंगे।

जेलर : *(दोनों की ओर आँखें निकालकर)* खामोश रहो! अपनी सलामती चाहते हो तो इन वारंटों पर सहमति का अँगूठा लगा दो।

जल्लाद एक : जेलर साहब, छुरा है, तुम्हारे पास।

जेलर : नहीं, छुरा नहीं है। खड्ग है दोधारी, अन्दर रखा हुआ है।

जल्लाद एक : मँगवा लो।

जेलर : क्यों?

जल्लाद एक : हम दोनों का कलेजा चीरकर निकाल लो।

जेलर : *(आश्चर्य और क्रोध से)* हें!

जल्लाद दो : हुँह।

जेलर : *(दोनों को हड़ककर)* मैं तुम्हें लास्ट वार्निंग देता हूँ, वारंटों पर अपना-अपना अँगूठा लगा दो।

जल्लाद एक : जो हमारी ज़बान ने कह दिया, पत्थर की लकीर है, वह।

जेलर : वक़्त तुम दोनों की मुट्ठी में है, अभी।

(दोनों जल्लाद मुट्ठी बन्द करके जेलर की ओर खोल देते हैं।)

जेलर : चमड़ी उधड़ेगी तो दोनों सीधे होते चले जाओगे। *(प्रहरी से)* बेंत लाओ मेरा।

(प्रहरी पार्श्व में जाता है और बेंत लेकर लौट आता है।)

जेलर : *(बेंत हवा में घुमाकर)* जल्लादों, यह अंग्रेज़ीराज के खिलाफ़ विद्रोह है। राजद्रोह। राजद्रोही के लिए राजदण्ड तय है। उम्रकैद। मृत्युदण्ड। फाँसी।

दोनों जल्लाद : *(एक साथ)* फाँसी लगा दो। फाँसी...।

(जेलर बेंत को कभी हवा में मारता, कभी ज़मीन पर फटकारता हुआ उन दोनों के गिर्द एक चक्कर काटता है। जेलर जल्लाद पिता को बेंत मारता है। वह आँखें मीचकर दर्द के मारे कसमसाकर रह जाता है। जल्लाद पुत्र की आँखें जल उठती हैं। जेलर जल्लाद पुत्र को भी खींचकर बेंत मारता है और अपनी कुर्सी पर बैठ जाता है। दोनों जल्लाद जस के तस खड़े रहते हैं।)

जेलर : *(दोनों की ओर देखकर)* लास्ट वार्निंग, अब भी सोच लो।

(दोनों जल्लादों की मुट्ठियाँ भींज जाती है।)

जल्लाद एक : *(बँधी मुट्ठी उठाकर)* बेंत मारो।

जल्लाद दो : *(बँधी मुट्ठी ऊपर उठाकर)* बेंत मारो।

जेलर : *(बेंत दूर फेंककर)* राजद्रोह के ज़ुर्म में तुम दोनों को गिरफ़्तार किया जाता है।

(जेलर दो बार हथेली बजाता है। दो वार्डर भागे-भागे आते हैं और दोनों जल्लादों को पकड़कर मंच से ले जाते हैं। दोनों जल्लाद ठहाका लगाते हैं। हाथ उठाकर भारत माता की जय! भारत माता की जय! कहते हुए मंच से उतर जाते हैं।)

पर्दा गिरता जाता है।

दृश्य-चार

(जेम्स ह्यूसन और बेंपदे दोनों मंच पर आमने-सामने रखी कुर्सियों पर बैठे हैं। स्टूल पर सिगरेट का पैकेट और लाइटर रखे हैं। ह्यूसन की कुर्सी के हत्थे के साथ बेंत रखा है। पहले ह्यूसन और उसके बाद बॉग स्टूल पर रखे सिगरेट के पैकेट से सिगरेट निकालकर लाइटर से बारी-बारी उसे सुलगा कर पीने लगते हैं।)

ह्यूसन : *(सिगरेट पीकर धुआँ नाक से निकालते हुए)* मिस्टर बेंपदे माता दीन हेला और मंगल पाण्डे की हैंगिंग पनिशमेंट के बाद क्या रिएक्शन है?

बेंपदे बॉग : सर, भूगर्भ में धधकते लावा का आइडिया नहीं होता कि कितना लाल हो चुका है? कब फटेगा?

ह्यूसन : अगर वह वोलकनो *(लावा)* फटकर बाहर निकला तो खतरनाक होगा?...

बेंपदे बॉग : सर, यदि स्ट्रांग एक्शन नहीं हुए?

ह्यूसन : यस! यस! मिस्टर बेंपदे। एक-एक ब्रिटिश मिलिट्रीमैन को एक-एक इण्डियन सिपाही की इंटेलिजेन्सी के लिए डेपुट कर दो। इंटेलिजेन्सी डिपार्टमेन्ट क्रियेट कर लो। इंफॉर्मेशन्स पहुँचती रहें। मैंने दूसरी बटालियनों से ब्रिटिश फोर्स मँगवा लिया हय। हार्ड एक्शन विल बी टेकन अगेंस्ट द रिवोल्ट। एनी वे इसे क्रश करना है। उन दोनों को सरेआम फाँसी दी जाये।

(ह्यूसन और बॉग मंच पर कुर्सी पर बैठे हैं और उनके बीच गम्भीर मशविरा चल रहा है। जेलर वर्दी पहने भागा-भागा आता है। उसकी साँसें बेइन्तहा फूली हुई हैं। घोर निराशा-हताशा और क्षोभ के कारण सूरत मुहर्रमी बनी है। वह पैर धमक कर दोनों अफ़सरों को सैल्यूट कर गर्दन नीची कर खड़ा रहता है। शरीर काँप

रहा है। होंठ बुदबुदा कर रह जाते हैं। ह्यूसन और बॉग उसकी घबराहट देखकर एक-दूसरे की ओर विस्मय से देखने लगते हैं। दोनों की आँखें उसके चेहरे की ओर ठहर जाती हैं।)

ह्यूसन : *(जेलर की ओर देखकर)* मिस्टर जेलर, व्हाट हैपंड। टुम कांपता हय?

जेलर : *(हाथ बाँधे काँपते हुए)* सर, सर। उन दोनों को फाँसी नहीं हो सकती, सर।

ह्यूसन : *(आँखें उठाकर)* व्हाट नॉनसेन्स?

जेलर : *(घबराकर)* माता दीन हेला और मंगल पाण्डे को फाँसी नहीं हो सकती सर।

ह्यूसन : *(दाँत पीसकर)* वेरी बैड। हैंगिंग इज नैसेसरी।

जेलर : सर..सर। रीयली सर।

बेंपदे बॉग : *(आँखें बताकर)* जेलर, स्पीक मच क्लीयरली।

जेलर : सर, पिता-पुत्र दोनों जल्लादों ने माता दीन हेला और मंगल पाण्डे को फाँसी लगाने से साफ़-साफ़ इनकार कर दिया है।

ह्यूसन : *(कुर्सी से उछल कर खड़ा होते हुए)* सो डेयर। मना करना बड़ा पनिशमेन्ट हय।

बेंपदे बॉग : उन दोनों को फाँसी लाज़िमी होनी है। अर्ली इन द मोर्निंग, समझे।

जेलर : सर, दोनों जल्लादों ने टका-सा जवाब दे दिया है।

ह्यूसन : *(आँखें घुमाकर)* व्हाट?

जेलर : दोनों ने मुँहतोड़ जवाब दे दिया है, 'हमारे हाथ देश की गर्दन को फाँसी नहीं लगा सकते।' वारंट पर अँगूठा लगाने से भी साफ़ मना कर दिया है।

ह्यूसन : *(ज़मीन पर पैर मारकर)* वी वर हैप्पी कि इण्डिया में हमारी जड़ें दिनोंदिन जमने लगी हैं। यहाँ तो हैंगमैन

तक हैंग से डिनाय करने लगे हैं। कोर्टमार्शल के बाद ईस्ट इण्डिया कम्पनी को वायरलेस कर दिया है कि बोथ रेबल्स को 08 अप्रैल को फाँसी दे दी जायेगी। कमाण्डिंग ऑफ़िसर हिअरसी के साइन हैं। *(ह्यूसन कमर बेल्ट से पिस्तौल निकालकर हवा में फायर करता है।)* उन दोनों को बुलेट से शूट कर देता हूँ।

बेंपदे बॉग : *(रोकते हुए)* नो नो सर। *(जेलर की ओर गर्दन घुमाकर)* जेलर, दोनों जल्लादों को समझाओ। धमकाओ। बेंतें फटकारों। कोड़े बरसाओ। हैंगिंग हो, एनी हाउ।

जेलर : सर, मैंने खूब समझा लिया। सख़्ती की। दोनों को एक-एक बेंत फटकारा। पिता-पुत्र दोनों में देशप्रेम की धारा फूट निकली। दोनों एक साँस में कहने लगे, हमें भले फाँसी हो जाये, हम अपनों को फाँसी नहीं देंगे।

ह्यूसन : *(आँखें निकालकर)* व्हाट?

जेलर : सर।

ह्यूसन : *(जेलर की ओर कड़ी निगाहों से देखकर)* आई एम वेरी एंगर। *(पिस्तौल उठाकर)* अंग्रेज़ीराज की ओर हैंड उठाने वाले का हैंड काट दिया जाता है। टंग चलाने वाले की टंग काट दी जाती है। आई बताने वाले की आँखें निकाल ली जाती हैं। उन राजद्रोही हैंगमैन के लिए क्या पनिशमेन्ट इम्पोज किया, टुमने?

जेलर : सर, उन दोनों के हाथों में हथकड़ी लगवाकर छह बाई चार के लॉकअप में बन्द कर दिया है।

ह्यूसन : *(माथे का पसीना पोंछकर)* इससे नेरो लॉकअप है, जेल में?

जेलर : *(हाथ जोड़कर)* हाँ सर, जेल के पिछवाड़े की ओर है, एक कोठरी। उसमें दुर्दान्त मुजरिमों को रखा जाता है।

ह्यूसन : *(अपनी हथेली पर मुक्का मारकर)* यस इट इज। दो अंग्रेज़ अफ़सरों पर अटेम्पट टू मर्डर करने वाले कल्प्रिट मंगल पाण्डे। उसे इसके लिए उकसाने वाले माता दीन को फाँसी लगाने से मना करने वालों से बड़ा दुर्दान्त मुज़रिम कौन होगा? *(बॉग की ओर देखकर)* एटवन्स क्या स्टेप लिया जाये मिस्टर बॉग? हैंगिंग एक्च्यूअल टाइम और डेट पर हो। हैंगिंग इज वेरी नैसेसरी।

बेंपदे बॉग : सर, जेल के दो घुड़सवार वार्डरों को दौड़ाकर कलकत्ता से जल्लाद बुलवा लिए जायें।

ह्यूसन : *(बेंपदे के कँधे पर हाथ रखकर)* यस...यस मिस्टर बेंपदे, हैंगिंग इज वेरी नैसेसरी। यूअर स्टेप इज वेरी एप्रीसियेबल। बट इंस्टीड ऑफ़ टू फोर हैंगमेन बुलवाओ। कोर्टमार्शल के बाद दोनों हैंगमेन को भी फाँसी होनी हय।

बेंपदे बॉग : आई अंडरस्टूड सर।

पर्दा गिरता है।

दृश्य-पाँच

(जल्लाद पिता, जल्लाद पुत्र दोनों एक छोटी-सी कोठरी में क़ैद हैं। दोनों के हाथों हथकड़ी जड़ी हैं। आँखों में आक्रोश और सन्तोष का भाव है। कभी अपने हाथों की हथकड़ी की ओर देखते हैं। कभी कोठरी की लम्बाई, चौड़ाई और ऊँचाई देखकर सीखचों के गेट से उनकी आँखें टकराती हैं। यहीं से हवा आती-जाती है। उमस के कारण दोनों का बदन पसीना-पसीना हुआ है।)

जल्लाद एक : *(पुत्र की ओर देखकर)* बेटा, न सीधे खड़े हो सकते हैं, न सो सकते हैं।

जल्लाद दो : बापू, काल-कोठरी है।

जल्लाद एक : *(हथकड़ी लगे हाथ को जाँघ पर मारकर)* खुरदरे फर्श पर चींटे चूटते हैं।

जल्लाद दो : *(पिंडली पर थपक मारकर)* मुझे भी मकोड़े ने काटा। ददोड़ी उठ गयी। *(वह मरे पड़े मकोड़े को बाहर की ओर फेंक देता है।)* इसी का नाम तो काल-कोठरी है। पड़े सड़ते रहो और काल के गाल में समा जाओ। *(वह हथकड़ी लगे हाथों लोटा उठाकर अपने होंठों से लगाता है। दो बूँद पानी भी नहीं है, उसमें।)*

जल्लाद दो : खाली लोटे ने तो प्यास और बढ़ा दी है, बापू।

जल्लाद एक : बेटा, रैदास जी कह गये हैं। पराधीन सौं कौन करे है प्रीत। यहाँ तो बन्दी एक-दूसरे का पसीना पीते हैं। पिओगे?

(वह अपना पसीना भरा मस्तक उसके मुँह की ओर बढ़ाता है। जल्लाद पुत्र गर्दन हिलाता है। हिचकिचाता है।)

जल्लाद एक : माँ का दूध पीकर बड़े हुए हो, बेटा। बाप का पसीना पीकर ज़िन्दा रहना पड़ेगा।

(जल्लाद पुत्र पहले तो मना करता है और फिर हलकान हुए कण्ठ उसकी जीभ पिता के माथे का पसीना सूतने लगती है।)

जल्लाद दो : *(ओठों पर जीभ फेरकर)* बापू, पिछवाड़े की ओर से आवाज़ आ रही है।

जल्लाद एक : लकड़ी के गट्ठर गिरने की आवाज़ आ रही है, बेटा। चिन्ताएँ चिनी जा रही हैं। लगता है दूसरे जल्लाद बुला लिए हैं।

जल्लाद दो : हमारे रहते?

जल्लाद एक : *(माथे पर हथेली फेरकर)* बेटा, अंग्रेज़ बड़ी ज़ुल्मी क़ौम है। एकदम मक्कार। फ़रेबी। जल्लादों को बड़ा लालच दिया होगा। हमारी ग़ैरहाजिरी का मकर किया होगा या फिर नौकरी का लालच दिया होगा।

जल्लाद दो : या बन्दूक की नोक ले आये होंगे। बापू जो हो क्रान्तिकारियों के ख़ून का धब्बा लगने से हम तो बच गये। सच में फाँसी लगाने का बन्दोबस्त हो गया है। चिताएँ चिनी जा रही हैं।

जल्लाद एक : देश की आन पर फाँसी का फँदा चूमने वाला मरता नहीं, अमर हो जाता है। उनकी चिताओं की लपटें अमर रोशनी बनेंगी।

(पिता-पुत्र दोनों की निगाह हाथ में पड़ी हथकड़ियों पर टिक जाती है। एकाएक दोनों के हाथों की हथकड़ियाँ बजने लगती हैं और दोनों के कण्ठ एक साथ गा उठते हैं–

ये हथकड़ियाँ
ये हथकड़ियाँ
बात कहेंगी अपनी
ये हथकड़ियाँ,

यहाँ का कण-कण मेरा
बादल मेरा, फिज़ा है मेरी
फिरंगी बता औकात तेरी!

(हथकड़ियाँ ज़ोर-ज़ोर से बजाकर)

ये हथकड़ियाँ
ये हथकड़ियाँ
बात कहेंगी अपनी
ये हथकड़ियाँ,
हम ख़ुद कुर्बान हो जायेंगे
अपनी माटी की महिमा गायेंगे
ये मुँह की हमसे खायेंगे।
ये हथकड़ियाँ
ये हथकड़ियाँ
बात कहेंगी अपनी
ये हथकड़ियाँ,

(ज़ोर-ज़ोर से गाते हुए)

जेल के भीतर साँसें अपनी
जान भले चली जाये अपनी
कथनी-करनी एक है अपनी
ये हथकड़ियाँ
ये हथकड़ियाँ
बात कहेंगी अपनी
ये हथकड़ियाँ,

(वे खड़े होकर ज़ोर-ज़ोर से गाने लगते हैं। इधर उन दोनों के हाथों की हथकड़ियाँ बजने लगती हैं। उधर उनके सिर नीची छत से टकराने लगते हैं। कण्ठ बराबर गाये जाते हैं।)

गोली से हमें उड़ा दो
ज़िन्दा चाहे हमें जला दो
अपने देश को नहीं देंगे फाँसी
लग जाये चाहे हमको फाँसी
ये हथकड़ियाँ
ये हथकड़ियाँ
बात कहेंगी अपनी
ये हथकड़ियाँ।

(गार्ड आता है। उसके दोनों हाथों में पीतल का बड़ा-सा एक थाल है। थाल में दाल की दो कटोरियाँ, चार रोटियाँ और पानी का झारा रखे हैं। वह झारा नीचे रखकर थाल सलाखों के गेट के नीचे से कोठरी के अन्दर सरका देता है। जल्लाद पुत्र अपने लोटे का मुँह गेट के सीखचों के साथ लगा देता है। गार्ड झारा की नाल से उसके लोटे को भर देता है। जल्लाद पुत्र बेसब्री से पानी पीने लगता है।)

गार्ड : *(हिदायती स्वर में)* हथकड़ियाँ बजा-बजाकर खूब गाओ, जल्लादों। खूब कोसो अंग्रेज़ीराज को। दो नहीं, चार जल्लाद बुलाये हैं, कलकत्ता से। दो जल्लाद माता दीन हेला और मंगल पाण्डे को फाँसी देंगे और दो जल्लाद अगले दिन तुम दोनों को सूली पर चढ़ायेंगे। *(व्यंग्य से)* खनकाओ हथकड़ियाँ। खूब खनकाओ। खूब गाओ। वाह! साँसें बाकी हैं न, इच्छा पूरी कर लो, अपनी।

(वह थाल और ख़ाली झारा लेकर लौट जाता है। पिता और पुत्र उसकी ओर देखते रह जाते हैं।)

सूत्रधार : पिता-पुत्र दोनों को रात भर नींद नहीं आती है। दोनों उठ बैठते हैं। सुबह की लाली उतर रही है। वे हथकड़ियाँ बजा-बजाकर फिर वही गाना गाने लगते हैं।

माता दीन हेला और मंगल पाण्डे को फाँसी देने के बाद दोनों जल्लाद नहा-धोकर अपना मेहनताना लिए उनकी कोठरी के सामने से गुज़र रहे होते हैं। दोनों के पैर ठिठकते हैं और कोठरी के सामने ठहर जाते हैं। वे दोनों भी पिता-पुत्र हैं। एक का नाम रामू है, दूसरे का श्यामू है। सूर्य की फूटती किरण में अपने जाति भाइयों को पहचान लेते हैं।

(कोठरी में बन्द दोनों जल्लाद गाना बन्द कर देते हैं।)

रामू : *(धीरे-से)* श्यामू बेटा, सुन।

श्यामू : हाँ, बापू।

रामू : *(आँखें रोककर)* हमारे जल्लाद भाई काल-कोठरी में बन्द हैं। दोनों ने अपराधियों को फाँसी देने से मना कर दिया होगा न, दो जल्लाद रोक लिए हैं। फाँसी होगी, इनको।

श्यामू : *(साँस लेकर)* बापू! जल्लादों को फाँसी!

रामू : हाँ बेटा। जल्लाद, जल्लाद को फाँसी दे। न सुना, न देखा।

श्यामू : अत्याचारी अंग्रेज़ ऐसे ही आतंक के साये अपना राज क़ायम करेंगे।

रामू : बेटा, सुन।

श्यामू : हुँ।

रामू : इन दोनों को आज़ाद कराना होगा।

श्यामू : दोनों सलाखों के भीतर बन्द हैं। बाहर भारी ताला जड़ा है।

रामू : एक काम करो तुम, सामने निगाह रखो। मैं फाँसी का फँदा वाला सरिया कोठरी के गेट के ताले में फँसाकर उसे तोड़ देता हूँ।

श्यामू : *(सिर हिलाकर)* बापू, अभी कोई नहीं आयेगा, इधर। दो लाशें पड़ी हैं। उनका रोजनामचा तैयार कर चिता की ओर ले जाया जायेगा। निश्चिन्त होकर अपना काम कर डालो।

(रामू कोठरी के सीखचों के गेट के सामने खड़ा हो जाता है और सरिया फँसाकर बाहर का ताला तोड़ देता है।)

रामू : *(गेट खोलकर)* अरे, तिनसुख बाहर निकलो। बेटा दिलसुख तुम भी जल्दी से बाहर निकल आओ। गेट खोल दिया है, मैंने।

जल्लाद एक : *(हथकड़ी देखकर)* हें!

जल्लाद दो : निकलो, जल्दी निकलो बापू।

सूत्रधार : पिता-पुत्र दोनों जल्लाद कोठरी से मुक्त हो जाते हैं। वे दोनों हथकड़ी लगे अपने हाथ कुरते तले दबाकर उनके साथ-साथ चल देते हैं। गेट पर खड़ा प्रहरी उन्हें रोक लेता है।

प्रहरी : *(उनकी ओर आ आँखें उठाये हुए)* अरे-अरे, रुको-रुको। क़मीज़ के नीचे हाथ दबाए जा रहे हो। क्या है, दिखाओ?

रामू : *(हाथ जोड़कर)* हुकुम, फाँसी लगे हाथ हैं। बाहर जाकर धोयेंगे।

प्रहरी : *(बाहर की ओर इशारा कर)* ठीक है। ठीक है। जाओ-जाओ। चार जल्लाद आये थे, चारों जा रहे हैं। जाओ...।

सूत्रधार : 19 जुलाई, 1827 को बलिया जिले के नगवा गाँव में मंगल पाण्डे का जन्म हुआ था। उनका जिगरी दोस्त नकी अली बैरकपुर से पाण्डे की अस्थियाँ लेकर उनके गाँव जाता है और उनकी माता अभयरानी को शहीद की अस्थियाँ सौंप देता है। मेरठ में जन्मे माता दीन हेला की अस्थियाँ आज भी स्मृति के रूप में वहीं मौजूद हैं। 1857 की क्रान्ति के जनक शहीद माता दीन हेला को नमन। क्रान्ति के नायक शहीद मंगल पाण्डे को नमन।

पर्दा गिरता है।

(नाटक की कुछ घटनाएँ और पात्र काल्पनिक हैं।)

झलकारीबाई की क़ुर्बानी

झलकारीबाई की क़ुर्बानी

पात्र परिचय

झलकारीबाई - उम्र 28 वर्ष

रानी लक्ष्मीबाई - उम्र 29 वर्ष।

पूरनसिंह - झलकारीबाई का पति, उम्र 32 वर्ष।

ह्यू रोज - अंग्रेज़ी सेना का कैप्टन, उम्र 50 वर्ष।

सार्जेंट - सैन्य अधिकारी, उम्र 34 वर्ष।

दूल्हा जू - झाँसी का मन्त्री, उम्र 48 वर्ष।

पीर अली - झाँसी का मन्त्री, उम्र 52 वर्ष।

- सिपाही तथा अन्य।

अंक एक

दृश्य-एक

सूत्रधार : *(ऊँचे स्वर में)* यह वीरांगना झलकारीबाई की कहानी है, जिसने मातृभूमि की आन के लिए अपने प्राणों की आहुति दे दी। वह अंग्रेज़ी सेना से बराबर लोहा लेती रही, शीश नहीं झुकाया।

(प्रात: 11.00 बजे। पर्दा उठने पर झलकारीबाई, झाँसी की रानी लक्ष्मीबाई के प्रासाद की जनाना ड्योढ़ी में अन्य महिलाओं के साथ बैठी है। उसका गँवई पहनावा है। रानी राजसी परिधान पहने सिंहासन पर विराजमान हैं। अन्य महिलाएँ तो उठ कर चली जाती हैं। रानी के द्वारा संकेत करने पर झलकारी बैठी रहती है।)

झलकारीबाई : *(आदरभाव)* रानी जी बतायें। वे बाट जोहते होंगे।

लक्ष्मीबाई : *(झलकारी की ओर अपलक देखते हुए)* थोड़ी देर और बैठो, तुम।

(रानी लक्ष्मीबाई सामने की दीवार से जुड़े आवक्ष आईना के सम्मुख खड़ी हो जाती हैं। संकेत कर झलकारी को भी अपने निकट खड़ी कर लेती हैं। आईना में निहारने के बाद दोनों पूर्ववत बैठ जाती हैं।)

लक्ष्मीबाई : तुम्हारा नाम क्या है?

झलकारीबाई : रानी जी, मेरा नाम?

लक्ष्मीबाई : हाँ-हाँ तुम्हारा नाम।

झलकारीबाई : *(झेंपकर)* झलकारी। झलकारीबाई कोली।

लक्ष्मीबाई : झलकारी। कुदरत का यह करिश्मा कितना विचित्र है, यक़ीन नहीं होता।

झलकारीबाई : *(विनम्र)* वह तो है, रानी जी।

लक्ष्मीबाई : *(झलकारी के चेहरे की ओर निगाह टिकाकर)* झलकारी, मैं अचम्भित हूँ कि तुम्हारी शक्ल–सूरत हू-ब-हू मुझसे मिलती है। यानी हमशक्ल हैं। आँखें, नाक, होंठ, गर्दन, चेहरा, कदकाठी सब एक जैसे हैं, हम दोनों के। बोलने का लहज़ा भी मुझ जैसा ही है, तुम्हारा। फ़र्क है तो बस इतना, तुम्हारा रंग नेक साँवला है, मुझ से।

झलकारीबाई : *(पलकें नीची करके)* रानी जी आप झाँसी की रानी। जात की पण्डितानी। मैं आपकी प्रजा। जात की कोली।

लक्ष्मीबाई : झलकारी, राजा के लिए प्रजा, प्रजा होती है। राजा जात-पात में यक़ीन नहीं करता। हम दोनों की देहयष्टि समान है, बस। *(थोड़ा चौंककर)* अरे, तुम तो बड़ी बहादुर हो। औरतें तुम्हारी बहादुरी के किस्से बढ़-चढ़ कर सुना रही थीं। तुमने एक दिन जंगल में भेड़िये को मार गिराया, अपनी दाँतली से?

झलकारीबाई : *(मुट्ठी बाँधकर)* रानी जी, जब मौत सिर पर हो, हिम्मत आ ही जाती है।

लक्ष्मीबाई : *(चौंककर)* क्या तुमने सचमुच खूँखार भेड़िए को मार गिराया था, जंगल में?

झलकारीबाई : *(आँखें चढ़ाकर)* रानी जी, जब वह मुझ पर हमलावर हुआ तो मैंने उसके पेट में दाँतली घुसा दी। मर गया वहीं तड़प-तड़पकर। *(मुट्ठी बाँधकर)* मैं डरती-वरती नहीं हूँ, जंगली जानवरों से।

लक्ष्मीबाई : *(शाबाशी)* वाह! बड़ी वीर हो तुम तो। अच्छा एक बात बताओ, तुम्हारे पति क्या करते हैं?

झलकारीबाई : रानी जी, पहलवान हैं। दण्ड लगाते हैं। मलखम्भ पर कसरत करते हैं। *(हाथ घुमाकर)* मुदगर घुमाते पसीना-पसीना हुए रहते हैं। निडर हैं। जंगली जानवरों से सामना कर लेते हैं। पेट के लिए कपड़ा बुनने का अपना घरेलू धन्धा करते हैं।

लक्ष्मीबाई : नाम?

झलकारीबाई : *(मुँह फेरकर)* हुँह!

लक्ष्मीबाई : अरी झलकारी पति का नाम पूछा कि शर्मा गयी न। जीवनसाथी है तुम्हारा। नाम बताने में कैसी हुँह!

झलकारीबाई : रानी जी, नाहर को पत्थर मार सकती हूँ, पति का नाम ज़ुबान पर नहीं लाती। रिवाज़ है।

लक्ष्मीबाई : वाह! झलकारी, खूब संस्कार पायी हो। सुनो।

झलकारीबाई : हाँ।

लक्ष्मीबाई : झाँसी राज्य की नारी सैन्य शक्ति का नाम दुर्गा दल है। दुर्गा दल में सुन्दर-मुन्दर और काशीबाई जैसी वीरांगनाएँ शामिल हैं। तुम्हारी वीरता और धीरता को देखते हुए तुम्हें दुर्गा दल में शामिल करती हूँ। दुर्गा दल की नारियाँ न डरती हैं, न शर्माती हैं, न झेंपती हैं। अब बताओ अपने पति का नाम?

झलकारीबाई : *(होंठ बनाते हुए)* पूरनसिंह कोली।

लक्ष्मीबाई : *(आत्मीय भाव)* ऐसा करो, अपने पति पूरन से कहना कि रानी तुम्हें अपनी सेना में भर्ती करना चाहती है।

झलकारीबाई : *(प्रसन्नचित्त मुद्रा में रानी के पैरों की ओर हाथ बढ़ा कर)* जी रानी जी। धोक।

लक्ष्मीबाई : *(हाथ पकड़कर)* झलकारी सुनो, 'राजा साहब नहीं रहे न। अंग्रेज़ों की नज़र झाँसी पर है। हमें अपनी

सेना बढ़ानी है। मैं दीवान जी को कहलवा भेजती हूँ कि पूरन को झाँसी के गोला-बारूद और तोप महकमे में मुलाजिम रख लें। तोपची के ओहदे पर अभ्यास कराएँ।'

झलकारीबाई : *(भावविभोर होकर आँखों की नमी पोंछते हुए)* जी रानी जी। मैं कल उनको अपने संग ले आऊँगी, ज़रूर।

पटाक्षेप

दृश्य-दो

(पूरनसिंह मुदगर लिए व्यायाम करता नज़र आता है। नीचा-सा कच्छा और आधी बाँह बनियान पहने है। लम्बा कद है। हृष्टपुष्ट शरीर है। चेहरे पर तेज है। हाथों की मछलियाँ चमकती हैं। पूरा बदन पसीना-पसीना हुआ है। मुदगर को आकाश दिखाकर ज़मीन पर पटक देता है। एकाएक झलकारीबाई मंच पर प्रवेश करती है। चेहरे पर ख़ुशी दौड़ रही है।)

झलकारीबाई : *(हर्षपूर्वक)* अजी सुनो।

पूरनसिंह : हुं!

(वह मुदगर को आकाश दिखाता है और नीचे पटक देता है। माथे पर बहते पसीने को अँगुलियों से पोंछकर नीचे छींटता है। झलकारी भावावेश में उसका मुदगर पकड़ लेती है।)

पूरनसिंह : *(आँखें उठाकर)* बावली हो गयी है, क्या?

(वह फिर मुदगर उठाने लगता है। झलकारी उसे रोक देती है।)

झलकारीबाई : रुको-रुको, पूरा बदन पसीना में बहा दोगे?

पूरनसिंह : *(झलकारी की ओर आँखें निकालकर)* बतायें?

झलकारीबाई : *(गदगद)* रानी जी ने याद फरमाया है, तुम्हें।

पूरनसिंह : *(आश्चर्य से आँखें चढ़ाकर)* झाँसी की रानी ने याद किया है, मुझे? *(गर्दन हिला कर)* ना, ना।

झलकारीबाई : *(दो-तीन बार गर्दन हिला कर हामी भरते हुए)* हाँ, हाँ।

पूरनसिंह : अरी, बावली। कहाँ राजा भोज, कहाँ गंगू तेली। तुम अपना काम करो। मुझे कसरत करने दो।

झलकारीबाई : *(हथेली पर हथेली मारकर)* सच कहती हूँ, मैं। तुम्हें याद किया है, रानी ने।

पूरनसिंह : आज ही महल में गयी और बहक आयी।

झलकारीबाई : सच कहती हूँ। वे अपनी सेना में भर्ती करेंगी, तुम्हें। *(हाथ का संकेत)* तोप चलाओगे, तोप।

पूरनसिंह : *(अति आश्चर्य से)* हें!

झलकारीबाई : हें नहीं, हाँ।

पूरनसिंह : *(मुदगर उठाकर नीचे पटकते हुए)* दिन में सपने लेना तुमसे सीखे कोई। जात का कोली और झाँसी की सेना में तोपची! *(हाथ फटकारकर)* जाओ-जाओ, कसरत करने दो, मुझे।

झलकारीबाई : *(पूरन की बाँह पर अँगुली गड़ाकर)* कल संग लेकर चलूँगी, तुम्हें।

पूरनसिंह : हें!

झलकारीबाई : हाँ सच कहती हूँ, रानी जी बहुत भली हैं। वे पहले तो मेरी ओर टुकुर-टुकुर देखती रहीं और फिर आईने के सामने जा खड़ी हुईं। मुझे अपने पास खड़ी करके बोलीं, 'अरी झलकारी, तुम्हारी शान-सूरत, हाव-भाव और बोली-वाणी ठीक मुझ जैसे हैं। स्वाभिमानी भी हो। दुर्गा दल झाँसी का नारी सैन्य शक्ति दल है। मैं तुम्हें उसमें भर्ती करती हूँ।'

पूरनसिंह : *(चौंककर)* हें! उनकी सेना में भर्ती हो गयी, तुम?

झलकारीबाई : हाँ। रानी जी ने तुम्हारे लिए भी दीवान जी को कहलवा दिया है। सीधे उनकी बैठक में चले जाना।

पूरनसिंह : *(उत्साह से)* फिर तो दिन ही बहुर जायेंगे अपने। अभी चलोगी या कल?

झलकारीबाई : कहा न, आज नहीं, कल। सुनो, रानी जी कह रही थीं, 'राजा साहब नहीं रहे न। दुश्मन की निगाह झाँसी पर टिकी है। तुम अपनी जवानी पर फूले नहीं समाते हो न, दुश्मन से सामना होगा, तो पसीने छूट जायेंगे।

पटाक्षेप

दृश्य-तीन

(दूसरा दिन। रानी लक्ष्मीबाई अपनी ड्योढ़ी में चाँदी की चौकी पर पूर्ववत बैठी हुई हैं। उनके चेहरे पर उदासी है। झलकारीबाई अतिउत्साह के साथ मंच पर प्रवेश करती है।)

झलकारीबाई : *(हाथ जोड़ कर झुकते हुए)* रानी जी, धोक।

लक्ष्मीबाई : *(उधर देखकर)* झलकारी आ गयी, तुम। अपने पति को लाई हो न संग?

झलकारीबाई : हाँ रानी जी, दीवान जी की बैठक की ओर भेज दिया है, उनको।

लक्ष्मीबाई : *(मुढ्ढी की ओर इशारा कर के)* तुम बैठो झलकारी। दीवान जी इन्तज़ार करते होंगे, पूरन का।

झलकारीबाई : *(मुड्ढी पर बैठ कर रानी के चेहरे की ओर देखते हुए)* रानी जी, उदास-सी हो? झाँसी की रानी और उदास! बतायें रानी जी?

लक्ष्मीबाई : *(गर्दन मारकर)* झलकारी!

झलकारीबाई : जी रानी जी, फरमायें।

लक्ष्मीबाई : *(आक्रोशित)* झलकारी, मैंने तुमसे कल कहा था न कि अंग्रेज़ों की नज़र झाँसी पर है। तुम्हारे जाने के बाद ईस्ट इण्डिया कम्पनी के गर्वनर जनरल लार्ड डलहौजी का दूत मेजर एलिस आया था। *(कण्ठ अवरुद्ध हो जाता है।)*

झलकारीबाई : *(चौंककर)* फिरंगी और झाँसी के महल में? जूती न फेर दी उस पर?

लक्ष्मीबाई : अंग्रेज़ अपने देश को धीरे-धीरे ग़ुलाम बनाने के लिए तरह-तरह के हथकण्डे अपना रहे हैं, झलकारी। राजा

साहब गंगाधर राव ने अपने चचेरे भाई के पुत्र दामोदर राव को गोद लेकर अपना उत्तराधिकारी घोषित कर दिया था। दुर्भाग्य से राजा साहब असमय चल बसे। उनकी मृत्यु को चार महीने बीते नहीं कि अंग्रेज़ों ने दत्तक को झाँसी का वारिस मानने से इनकार कर दिया है। दस्तावेज़ी काग़ज़ वह हमें दे गया।

झलकारीबाई : *(क्रोधित)* रानी जी, यह तो गर्दन काटने जैसा अन्याय हुआ, सरासर। हड़प-नीति।

लक्ष्मीबाई : हाँ-हाँ हड़प-नीति ही है, झलकारी। वह तो यहाँ तक कह गया, 'झाँसी का राज्य अब अंग्रेज़ी सत्ता के अधीन रहेगा।'

झलकारीबाई : *(ज़मीन पर पैर धमककर)* अधीन रहे, हमारी जूती। तलवारें खिचेंगी। रण फैसला करेगा।

लक्ष्मीबाई : *(शाबाशी देते हुए)* वाह! झलकारी वाह! तुम्हारे जैसी साहसी को अपने दुर्गा दल में भर्ती करके मैंने उचित क़दम उठाया है। झलकारी, गुलामी का जीवन जीने से अच्छा है, युद्धक्षेत्र में न्योछावर हो जायें।

झलकारीबाई : रानी जी, मैं फिर अर्ज करूँ, उस फिरंगी को जाने ही क्यों दिया महल से?

लक्ष्मीबाई : बात समझो झलकारी। राजधर्म की रीति-नीति यह रही है कि घर आया व्यक्ति मेहमान होता है, चाहे वह वैरी ही क्यों न हो। हाँ, मैंने उससे दो टूक कह दिया कि झाँसी का कण-कण हमारा है। कोई दूसरा आँख उठाकर भी नहीं देख सकता।

झलकारीबाई : रानी जी, होने दो युद्ध। हमने झाँसी का नमक खाया है। बुन्देलखण्ड का पानी पिया है। क्या हम इतने बुजदिल हैं, अंग्रेज़ झाँसी जीत लें! एक-एक अंग्रेज़ पीठ दिखाकर भाग नहीं जाये तो कहना।

लक्ष्मीबाई : वाह झलकारी, वाह। बलिहारी जाऊँ, तुम्हारी इस अटूट हिम्मत पर। झाँसी को आज तुम जैसी वीरांगनाओं की ही दरकार है। तुम्हें दुर्गा दल का सेनापति बनाया जाता है। *(उठते हुए)* हम गोला-बारूद और असलाह बढ़ा कर दुश्मन का डटकर सामना करेंगे।

पटाक्षेप

अंक-दो

दृश्य-एक

सूत्रधार : चार साल बाद। 23 मार्च, 1858 का वह दिन। कैप्टन ह्यू रोज के नेतृत्व में अंग्रेज़ी सेना का झाँसी पर भयंकर आक्रमण होता है। दस दिन तक दोनों सेनाओं के बीच घमासान युद्ध चलता है। चारों ओर त्राहिमाम-त्राहिमाम मच जाता है। अंग्रेज़ी सेना पीछे हटने को है कि एक दुरभिसन्धि उसके लिए कारगर साबित होती है। झाँसी के अजेय दुर्ग के दस प्रवेश द्वारों में से ओरछा गेट और सैंयर गेट के द्वार खोल दिये जाते हैं। ओरछा गेट की बागडोर दूल्हा जू और सैंयर गेट की जिम्मेदारी पीर अली के हाथों है। दोनों ही झाँसी दरबार में मन्त्री हैं। दो गेट खुलने पर अंग्रेज़ी सेना आततायी की भाँति गोला-बारूद और पूरे लावलश्कर के साथ झाँसी में घुस जाती है। चारों ओर आगजनी होती है। मारकाट मच जाती है। हाहाकार होता है। आबालवृद्ध तक को मौत के घाट उतारा जा रहा है। झाँसी आग के शोला में तब्दील है। धरा लहू से लाल हुई जाती है। वीरता के साथ अंग्रेज़ों से लोहा ले रही झाँसी की रानी लक्ष्मीबाई से न अंग्रेज़ों की बर्बरता देखी जाती है, न ही झाँसी की बर्बादी। उनकी नंगी तलवार अंग्रेज़ों का ख़ून पी रही

है। अंग्रेज़ी सेना के साथ बराबर लड़ रही झलकारीबाई एकाएक रानी के निकट आती है और उनको भांडेरी गेट की ओर ले जाती है। दोनों के घोड़े हताहत हैं। झलकारी घायल घोड़े से नीचे उतर जाती है। उसके अनुरोध करने पर रानी भी अपने घायल अश्व से नीचे उतर जाती हैं।

(दोनों मंच पर आ जाती हैं। उनके हाथों में नंगी तलवारें हैं।)

लक्ष्मीबाई : *(तलवार ऊपर उठाकर)* दुर्गा दल की सेनापति झलकारी कहो, दुश्मन हमें नष्ट करते जा रहा है।

झलकारीबाई : *(विनम्र)* रानी जी, पूरी झाँसी आग के हवाले है। जवानों व सैनिकों की शामत आयी हुई है। बच्चों, बूढ़ों और स्त्री तक को मौत के घाट उतारा जा रहा है। लाशें बिछी पड़ी हैं। ख़ून की नदी बह रही है।

लक्ष्मीबाई : कत्लेआम देखकर मेरा कलेजा किरच-किरच हुआ जाता है।

झलकारीबाई : *(दूसरी ओर इशाराकर, आँखें पोंछते हुए)* रानी जी, उधर देखिये आप, सुन्दर और मुन्दर खूब लड़ीं और झाँसी के काम आ गयीं।

लक्ष्मीबाई : *(सुन्दर-मुन्दर की लाशों की ओर देख अपनी नम आँखें, ढाल और तलवार झुकाकर)* झाँसी की दोनों वीरांगनाओं! दुश्मनों से लड़ती वीरगति को प्राप्त हुईं, तुम। हे झाँसी की पुत्रियों! तुम्हें मेरा सलाम। झाँसी की ओर से शौर्य का तमग़ा।

झलकारीबाई : *(विनम्र)* रानी जी, मुझ नाचीज की एक सलाह मान लें आप। झाँसी छोड़कर सीमा से बाहर चली जायें।

लक्ष्मीबाई : *(हड़ककर)* दुर्गा दल की सेनापति मुझे कायराना सलाह दे रही है! झलकारी, झाँसी के लिए मैं अपने लहू का कतरा-कतरा बहा दूँगी। अंग्रेज़ सेनापति ह्यू रोज का ख़ून पी जाऊँगी।

झलकारीबाई : रानी जी, वक़्त बेवफा है। मेरी राय मान लें आप।

लक्ष्मीबाई : *(हवा में तलवार मारते हुए)* प्रवीर होकर?

झलकारीबाई : रानी जी, प्रजा, प्रजा होती है। राजा, राजा होता है। प्रजा मरती-घटती-बढ़ती रहती है। राजा दुर्लभ होता है, उसकी मृत्यु राज की मृत्यु होती है। अगर आप ज़िन्दा रहीं, तो बर्बाद हुई झाँसी फिर से आबाद हो जायेगी।

लक्ष्मीबाई : *(अफसोस)* झलकारी, सच में बेवफाई हुई है, हमारे साथ। झाँसी के दो मन्त्री गद्दार निकले। उन्होंने अभेद्य दुर्ग के ओरछा गेट और सैंयर गेट खोल कर झाँसी को शत्रु के हवाले कर दिया है। *(रानी की आँखों से ज्वाला निकलने लगती है।)* वे दोनों गेट तो उन्माद हाथियों की टक्कर से भी नहीं खुलते। *(आँखें चढ़ा हवा में तलवार मारकर)* दूल्हा जू और पीर अली। धिक्कार...।

झलकारीबाई : *(अपनी तलवार की ओर देखकर)* हाँ रानी जी, उन दो गद्दारों ने समूची झाँसी को मिट्टी में मिलवा दिया।

लक्ष्मीबाई : *(प्रायश्चित और क्रोध भरी साँस भरकर)* अगर उनको धन-दौलत की इतनी भूख थी, कहते। सोना-चाँदी से तौल देती। झाँसी के वजीर होकर शत्रु से मिल गये। विश्वासघात के ज़ख़्मों से मेरा अन्तस लहूलुहान है। लोग इन गद्दारों की कब्र पर जूते मारेंगे।

झलकारीबाई : *(तत्पर)* रानी जी, यह समय सोच-विचार का नहीं है। कुछ अंग्रेज़ सैनिक हमारी ओर ही बढ़ते आ रहे हैं। आप अविलम्ब यहाँ से निकल जायें। कुँवर दामोदर राव को मैं आपकी पीठ से बाँध देती हूँ। मैं ह्यू रोज के कैम्प में जाकर उन्हें बातों में उलझाऊँगी। आप झाँसी की सीमा से बाहर निकल जायें।

लक्ष्मीबाई : *(उधर देखकर)* झलकारी, मुख्य तोपची पूरन भी झाँसी के लिए क़ुर्बान हो गया। माँ का वह सपूत सलामी का हकदार है। युद्धक्षेत्र से निकल जाऊँ, मैं? क्षात्रधर्म!

झलकारीबाई : मुझे मालूम है रानी जी, मेरे देखते-देखते मेरी माँग का सिन्दूर पुंछ गया। लेकिन यह वक़्त पति के शोक में डूबे रहना का नहीं, दुश्मन के दाँत खट्टे करने का है। आप यहाँ से तुरन्त निकल जायें। मैं...।

(एक अंग्रेज़ सैनिक तलवार लिए मंच पर आता है। झलकारी उस पर अपनी तलवार का भरपूर वार करती है। वह चीखता हुआ मंच के नीचे गिर पड़ता है और ढेर हो जाता है। झलकारीबाई और लक्ष्मीबाई दोनों पार्श्व में चली जाती हैं।)

सूत्रधार : *(झाँसी की रानी लक्ष्मीबाई की पीठ से उनके दत्तक पुत्र दामोदर राव को बाँध दिया गया है। वे भांडेरी गेट से बाहर निकल जाती हैं। झाँसी के कुछ वफादार घुड़सवार सैनिक उनके साथ हैं।)*

पटाक्षेप

दृश्य दो

(अंग्रेज़ सेनापति ह्यू रोज कैप्टन की ड्रेस पहने मंच पर सुसज्जित कुर्सी पर बैठा हुआ है। वह क्रोधित आँखों से अपने हाथ में थामी बन्दूक की ओर देखे जाता है। सार्जेंट उससे थोड़ा हटकर बन्दूक लिए कुर्सी पर बैठा हुआ है। उन दोनों के बीच झाँसी के युद्ध को लेकर सामरिक परामर्श चल रहा है। दूल्हा जू हाथ बाँधे मंच के दूसरी ओर खड़ा है। अस्त्र-शस्त्र से लैस झलकारीबाई मंच पर प्रवेश करती है। ह्यू रोज उसकी ओर देखकर हक्का-बक्का रह जाता है। वह कुर्सी से उठ जाता है। सार्जेंट भी तुरन्त खड़ा हो जाता है।)

ह्यू रोज : *(बन्दूक पर थपकी मार कर)* ओह क्वीन ऑफ़ झाँसी! यू आर हेयर? हम मुर्दा या ज़िन्दा देखना चाहते थे। टुमने सेल्फ सरेण्डर कर दिया, हमारे कैम्प आकर! *(बन्दूक पर थपक मारकर)* वैरी नाइस! वैरी नाइस! *(सार्जेंट से)* हर, तलवार शील्ड एण्ड डैगर लेकर दूर फेंक दो।

(सार्जेंट झलकारी से तीनों अस्त्र लेकर दूसरी ओर रख देता है।)

ह्यू रोज : क्वीन, फोर इयर एगो लार्ड डलहौजी ने टुमे जो लेटर भिजवाया था, यदि इम्प्लिमेंट कर लेती, इतना आर्म्स एण्ड एम्यूनिशन *(गोला-बारूद)* बर्बाद नहीं होता। ब्लडशेड भी नहीं होता इतना और झाँसी भी ऐसी डिसट्रॉय नहीं होती। इण्डिया के अदर स्टेट जीतने के लिए हम अपनी जान लड़ा रहे थे, वर्ना झाँसी को तो उस लैटर के बाद 1854 में ही केरयर कर लेते। टुमने हमारे उस ऑर्डर को ओबे नहीं किया?

झलकारीबाई : *(कड़ा देखकर)* झाँसी हमारी मातृभूमि है। तुमने हड़प नीति अपनायी।

ह्यू रोज : यस क्वीन, डाक्ट्रिन ऑफ़ लैप्स ही हमारी पोलिसी है। झाँसी के लिए 23 मार्च, 1858 से लड़ा जा रहा यह भीषण वार हमारी विक्ट्री के साथ आज इण्ड हुआ है। झाँसी की रानी ने हार मानकर सरेण्डर कर दिया। वह हेल्पलेस एण्ड पॉवरलेस हमारे सामने खड़ी है। 03 अप्रैल, 1858 का यह डे अंग्रेज़ों के लिए कितना फ्रूटफुल है। गर्वनर जनरल कैनिंग को वायरलेस भिजवा देते हैं। वे तालियाँ पीट-पीट दाद देंगे।

दूल्हा जू : *(हाथ जोड़कर)* हुकुम-हुकुम, सुनो।

ह्यू रोज : *(कनखी से देखकर)* पैट चुप रहो, टुम। क्वीन् ऑफ़ झाँसी हमारे सामने हेल्पलेस खड़ी है। *(झलकारी से)* बोलो टुमारे साथ कैसा बिहवियर किया जाये?

झलकारीबाई : वही जो एक विजयी राजा को पराजित राजा के साथ करना चाहिए।

दूल्हा जू : *(हाथ जोड़कर)* हुकुम-हुकुम, सुनो।

ह्यू रोज : ब्लडीफूल, बी साइलेंट। सरेण्डर हुआ वारियर हमसे टॉक कर रहा है। *(झलकारी से)* अंग्रेज़ों की बन्दी होकर भी झाँसी की क्वीन जैसा टुमारा वही स्टेटस! आँखें उठाकर देखती हय? कड़ी सज़ा मिलेगी। *(बन्दूक पर थपक मारकर)* मौत टुमारे सिर पर मँडरा रही हय, क्वीन।

दूल्हा जू : *(ह्यू रोज के पाँव पकड़कर)* हुकुम-हुकुम, यह झाँसी की रानी लक्ष्मीबाई नहीं है।

ह्यू रोज : *(ठोकर मार के)* पैट व्हाट नॉनसेंस।

दूल्हा जू : *(ह्यू रोज के जूते की टोह पर नाक रगड़कर)* हुकुम ख़ुदा कसम, यह झाँसी की रानी लक्ष्मीबाई नहीं, झलकारीबाई कोरिन है। सिपाही।

ह्यू रोज : *(आश्चर्यचकित)* रीयली!

दूल्हा जू : *(काँपते हाथ)* हाँ हुकुम, झाँसी की रानी और इसकी शान-सूरत एक-दूसरी से हू-ब-हू मिलती हैं। जुड़वा बहनों जैसी हैं, दोनों। फ़र्क नहीं कर पायेंगे।

(झलकारीबाई दूल्हा जू की ओर आग्नेय नेत्रों से देख फिर ह्यू रोज की ओर देखने लगती है। ह्यू रोज आँखें निकालकर कड़ाई से उससे पूछताछ करता है, वह उफ्फ तक नहीं करती।)

ह्यू रोज : *(दूल्हा जू से)* थैंक यू। दूल्हा जू, टुमने एक बहुत बड़ा सीक्रेट हमें बताया। अब टुम बाहर जा सकता हय। पीर अली को भेज दो।

(दूल्हा जू मंच से उतर जाता है। पीर अली काँपता हुआ आता है और हाथ जोड़कर ह्यू रोज के सामने खड़ा हो जाता है।)

पीर अली : *(थरथराती आवाज़)* जनाब, ख़ाकसार आपकी खिदमत में हाज़िर है।

ह्यू रोज : *(झलकारी की ओर देखकर पीर अली से)* पीर अली, क्वीन ऑफ़ झाँसी को हम ज़िन्दा या मुर्दा चाहटे थे। उसने ख़ुद-ब-ख़ुद हमारे कैम्प में आकर सरेण्डर कर दिया हय। सेल्यूट करो, इसे।

पीर अली : *(हाथ जोड़ कर तत्परता से)* जनाब, जनाब। मैं खूब वाक़िफ हूँ, जनाब। यह झाँसी की रानी लक्ष्मीबाई नहीं, झलकारीबाई कोरिन है। *(ह्यू रोज से)* जनाब झाँसी का वजीर होकर मैं छोटी जात कोरिन को सलाम करूँ! ना-ना। जनाब, आप गोली मार दें, मुझे। *(झलकारी की ओर आँखें निकालकर)* इल्मगार कहीं की!

ह्यू रोज : *(आकाश की ओर गोली दाग कर पीर अली के मुँह पर तमाचा मारकर)* शटअप, इडियट कहीं का। हमारा पैट होकर भी झाँसी का मिनिस्टर होने का ख़्वाब पाले हुए हय। गेट आउट। दूल्हा जू को भेजो।

(पीर अली ह्यू रोज के पैर छू कर चला जाता है। दूल्हा जू काँपता हुआ मंच पर आता है और हाथ जोड़कर एक ओर खड़ा हो जाता है। ह्यू रोज बन्दूक में गोली भरने लगता है।)

दूल्हा जू : हुकुम!

ह्यू रोज : दूल्हा जू, जो टुमने कहा, वह पीर अली से कन्फर्म हो गया हय। यह विमेन क्वीन ऑफ़ झाँसी नहीं, चीटर हय, फ्राडी हय। वल्पाइन हय। इसे शूट करने का पनिशमेंट दिया जाता हय। *(सार्जेंट से)* सार्जेंट गन दो, दूल्हा जू को।

झलकारीबाई : *(गर्दन और हाथ एक साथ हिलाकर)* नहीं-नहीं। झाँसी के गद्दार के हाथों मरूँ! दुश्मन के हाथों मरना मंज़ूर है, मुझे। *(पास खड़े दूल्हा जू के मुँह पर थूककर)* कपटी कहीं का।

(झलकारी दूसरी ओर पड़ी अपनी तलवार को लपक कर उठा लेती है और ह्यू रोज पर वार करने को होती है। ह्यू रोज आग-बबूला होकर अपनी दुनाली से झलकारीबाई के सीने में एक के बाद एक दो गोली दाग देता है। झलकारी धड़ाम से नीचे गिर पड़ती है और क़ुर्बान हो जाती है।)

ह्यू रोज : *(सार्जेंट की ओर गर्दन उठाकर)* सार्जेंट यू।

सार्जेंट : *(सावधान की मुद्रा में)* यस सर, प्लीज।

ह्यू रोज : पीर अली को बुलाओ।

(सार्जेंट बाहर जाता है और पीर अली को साथ लेकर मंच पर आता है।)

ह्यू रोज : *(सार्जेंट से)* लिशन मी।

सार्जेंट : यस सर।

ह्यू रोज : *(दूल्हा जू और पीर अली की ओर देखकर)* इन दोनों पैट्स से माल-खजाना और आर्म्स एण्ड एम्यूनिशन की तो सब इनफोर्मेशन ले ली हय न, टुमने?

सार्जेंट : *(उसी मुद्रा में)* यस सर। युद्ध जीतने के बाद हमने इन दोनों को साथ लिया और पूरी इनफोर्मेशन लेकर माल-ख़जाना तथा ऑल आर्म्स एण्ड एम्यूनिशन अपने अण्डर कर लिया है।

ह्यू रोज : *(बन्दूक पर हाथ थपककर)* वैरी गुड! और राजमुद्रा?

सार्जेंट : यस सर। वह भी ग्रिप में ले ली है।

ह्यू रोज : *(दूल्हा जू और पीर अली की ओर देखकर)* बोलो।

दूल्हा जू : हाँ हुकुम, हमने तमाम माल-ख़जाना और गोला-बारूद के असलाह समेत एक-एक भेद दे दिया है। हम वफ़ादारों की तरफ़ से आप बेफिक्र रहें।

ह्यू रोज : वाह! *(पीर अली की ओर देखकर)* टुम बोलो।

पीर अली : *(काँपती आवाज़)* हाँ जनाब, राजमुद्रा सँभला दी है।

ह्यू रोज : *(दोनों से एक साथ)* क्वीन ऑफ़ झाँसी कहाँ है?

पीर अली : *(धीरे से)* सर, वह तो भाग खड़ी हुई, झाँसी छोड़कर।

दूल्हा जू : हाँ हुकुम, सही फरमाया पीर अली ने, रानी लक्ष्मीबाई ने झाँसी छोड़ दी है। झलकारी आपको धोखा दे रही थी, ताकि वह दूर निकल जाये।

ह्यू रोज : *(सार्जेंट से)* सार्जेंट, सैनिकों की एक टुकड़ी ले जाओ और क्वीन ऑफ़ झाँसी का पीछा करो। विक्ट्री तब तक विक्ट्री नहीं मानी जाती, किंग को अलाइव अर डाइड गेट नहीं कर लिया जाये। सुनो, एनिमी का फेथ किया जा सकता हय, ट्रेटर का नहीं। अगर क्वीन ऑफ़ झाँसी नहीं मिले, इन दोनों की बैक पर गोली मार देना।

सार्जेंट : सर, ऑन बैक?

ह्यू रोज : यस, स्ट्रेटजी है कि ब्रेवो के चेस्ट पर और ट्रेटर की बैक पर गोली मारनी होती हय।

(दूल्हा जू और पीर अली पत्ते की तरह काँपने लगते हैं।)

ह्यू रोज : *(दूल्हा जू और पीर अली से)* पैट्स, इस डैड लेडी को उठाओ। यह एक वॉरियर है। हमारे खिलाफ़ मर्दानगी से लड़ती रही। अभी देखा नहीं टुमने, मैं तनिक असावधान होता, मेरी गर्दन अलग कर देती स्वोर्ड से। इसकी डैड बॉडी को डैड सोल्जर्स के पास ही रखना, आम डैड लोगों के नियर नहीं।

(दूल्हा जू और पीर अली मृत झलकारीबाई को उठाकर मंच से चले जाते हैं। सार्जेंट बन्दूक लिए उनके साथ मंच से उतर जाता है। ह्यू रोज अपनी कुर्सी पर बैठ कर सिगरेट सुलगा लेता है और होंठ गोल करके धूम्र के छल्ले बना-बनाकर आकाश की ओर छोड़ने लगता है।

पर्दा गिरता है।

शहीद बीरबल सिंह

शहीद बीरबल सिंह

पात्र परिचय

बीरबल सिंह	-	उम्र 26 वर्ष
मूलीदेवी	-	बीरबल सिंह की पत्नी, उम्र 23 वर्ष।
इंस्पेक्टर	-	उम्र 40 वर्ष।
दीवान	-	उम्र 50 वर्ष।
कर्नल अमरसिंह	-	उम्र 55 वर्ष।
		कुछ सैनिक और सिपाही तथा अन्य।

30 जून, 1946, समय प्रात: सात बजे।

पर्दा उठने पर भानूदय की खिली-खिली धूप नज़र आती है। बीरबल सिंह जीनगर और उनकी पत्नी मूलीदेवी ज़मीन पर चादर बिछाकर बैठे हुए हैं। बीरबल सिंह धोती-कुरता पहने हुए हैं। सिर पर घने बाल हैं। मरोड़ी हुई मूँछें खड़ी हैं। मूलीदेवी का लिबास घाघरा-कुरती और लूगड़ी है। दोनों के चेहरों पर एक अजीब-सी बेचैनी है।

बीरबल सिंह : *(दाँत किटकिटाकर)* मूला, अंग्रेज़ीराज के अत्याचार दिन-ब-दिन क्रूर होते जा रहे हैं। प्रजामण्डल के कार्यकर्ताओं को गिरफ़्तार कर जेल में यातनायें दी जा रही हैं।

मूलीदेवी : हें!

बीरबल सिंह : हाँ, मूला। हमारे नेता मघाराम वैद्य को तो और भी असहनीय कष्ट दिये जा रहे हैं।

मूलीदेवी : *(ऊपर की ओर देखकर)* पापी फिरंगी और महाराजा डरने लगे हैं।

बीरबल सिंह : नहीं, ऐसा नहीं है। जुल्म ढाह कर ख़ौफ़ बढ़ा रहे हैं, अपना। *(मुट्ठी भींच कर)* मैं भारत माता की कसम खाकर कहता हूँ, जब तक हमारे शरीर में लहू का एक कतरा भी बाक़ी है, न हम झुकेंगे, न हम टूटेंगे।

मूलीदेवी : पहलवान जी, तुम्हें तो अपनी भारत माता से इतना प्यार हो गया है कि सोते वक़्त भी तिरंगा साथ रहता है।

बीरबल सिंह : तिरंगा हमारी क्रान्ति की निशानी है, मूला। *(मूँछों की*

घुण्डी बनाकर) इसी बूते स्वतन्त्र हो पायेंगे।

मूलीदेवी : वाह! वाह!! ज़ुबान फले।

बीरबल सिंह : *(गहरी साँस खींचकर)* तिरंगा हाथ में लेकर चलना भी जुर्म हो गया है, इस राज में। राजादेश जारी हुआ है, जिस किसी के हाथ में तिरंगा नज़र आये, उसे जेल में बन्द कर दो और कड़ी यातनाएँ दो। *(मुट्ठी भांजकर)* हमने इस क्रूर आदेश को मानने से मना कर दिया है।

मूलीदेवी : वाह!

बीरबल सिंह : रायसिंह नगर की गलियों से जुलूस निकाला जायेगा। प्रत्येक के हाथ में तिरंगा झण्डा होगा। उसके बाद चौक में झण्डा फहरा कर पूर्ण आज़ादी की माँग रखी जायेगी।

मूलीदेवी : हुँ।

बीरबल सिंह : सुनो!

मूलीदेवी : बतायें, पहलवान जी।

बीरबल सिंह : मैंने तीन रंग के वस्त्र तुम्हें लाकर दिये थे। चौक में जो तिरंगा फहराया जायेगा, वह सिल दिया है न?

मूलीदेवी : *(तत्परता से)* मैंने तो सिल कर कभी का तैयार कर दिया है।

(वह पार्श्व में जाकर लौटती हैं। हाथ में तिरंगा है।)

बीरबल सिंह : *(मूलीदेवी से तिरंगा लेकर खुश होते हुए)* वाह! सुन्दर सिल गया है। यह लम्बा-चौड़ा तिरंगा रायसिंह नगर के चौक में आयोजित सभा में फहराया जायेगा।

मूलीदेवी : *(उत्सुक होकर)* कौन-कौन आयेंगे?

बीरबल सिंह : प्रमुख स्वतन्त्रता सेनानी सत्यनारायण सर्राफ़ तिरंगा फहराने के बाद सम्मेलन की अध्यक्षता करेंगे। पंजाब से अचितराय, रामदयाल वैद्य और फकीरचन्द रायसिंह नगर पहुँच चुके हैं। कितने ही क्रान्तिकारी रेल से आयेंगे। आज़ाद हिन्द फौज के कर्नल अमर बहादुर

सिंह भी आ रहे हैं।

मूलीदेवी : तुम्हारे ये साथी तो आज़ादी के लिए सलाह-मशवरे के खातिर हमारे यहाँ आते ही रहते हैं।

बीरबल सिंह : मैं कायल हूँ, तुम्हारे योगदान का। देर रात तक उनकी रोटी-पानी में लगी रहती हो।

मूलीदेवी : *(मुट्ठी बाँधकर)* पहलवान जी, यह आज़ादी की लड़ाई है। देश की एक-एक नारी का यही फ़र्ज होना चाहिए, आज।

बीरबल सिंह : *(उठते हुए)* हमने तो देश को स्वतन्त्र कराने का बीड़ा उठा लिया है। अब क़दम पीछे नहीं हटेगा, मूला।

मूलीदेवी : *(उठकर कन्धा थपकते हुए)* अब जाओ। झण्डा साथ ले जाओ। देखती हूँ, तुम्हारे पहलवान बदन में कितना दम है।

(बीरबल सिंह हाथ में तिरंगा लेकर मंच छोड़ देते हैं। मूलीदेवी पति की पीठ की ओर देखती रहती है।

पटाक्षेप

दृश्य परिवर्तन

(पर्दा उठता है। मंच पर दो कुर्सियों पर दो व्यक्ति बैठे बातचीत करते नज़र आते हैं। एक दीवान है, दूसरा खुफिया विभाग का इंस्पेक्टर है। दोनों राजसी परिधान पहने हैं। मूँछें उठी हुई हैं। दीवान के हाथ में चमचमाता बेंत है। इंस्पेक्टर पिस्तौल से लैस है।)

दीवान : *(झल्लाहट रोकते हुए इंस्पेक्टर से)* राजद्रोही रायसिंह नगर की गलियों से जुलूस निकालेंगे? खिलाफ़त हुई न?

इंस्पेक्टर : हुज़ूर, वे लोग जुलूस भले निकाले, झण्डा लेकर चलने पर राजादेश लागू होगा। सिपाही तैनात हैं, क़दम-क़दम पर।

दीवान : प्रजामण्डल के लोगों का जुनून दिनोंदिन बढ़ता जा रहा है। एक-एक व्यक्ति अपनी जान न्योछावर करने को तत्पर है। मैं अपनी लारी में बैठा देखता आया हूँ। हतप्रभ हूँ। हतवाक हूँ। उनका ज़ोश बेकाबू है। उग्रवादियों के इस बढ़ते उत्पात को तुरन्त रोका जाये। इस मक़सद से मुझे यहाँ भेजा गया है।

इंस्पेक्टर : *(विश्वास दिलाते हुए)* आप बेफिक्र रहें, हुकुम। जुलूस शान्तिपूर्वक निकलेगा और चौक पर जाकर सभा में परिवर्तित हो विसर्जित हो जायेगा। न झण्डा फहराया जायेगा, न 'इंकलाब ज़िन्दाबाद' के नारे लगेंगे।

दीवान : आप यहाँ के ख़ुफिया विभाग के प्रभारी हैं। पूरी ख़बर नहीं रखते!

इंस्पेक्टर : *(सहमकर)* हुकुम। चप्पे-चप्पे की ख़बर है, मुझे।

दीवान : छब्बीसेक साल का वह जाँबाज़ युवक कौन है, जो राज के लिए ख़तरा बना हुआ है। मानो अपनी जान हथेली पर लिए घूमता हो।

इंस्पेक्टर : *(माथे पर हाथ फेरकर)* हुज़ूर। जानता हूँ। खूब जानता हूँ, उसे। बीरबल सिंह नाम है उसका। जीनगर जाति है। पहलवानी करता है। आढ़ती है।

दीवान : *(आँखें उठाकर)* जीनगर जैसी छोटी जाति का होकर देशभक्ति का ऐसा जुनून?

इंस्पेक्टर : हुकुम। छोटी जाति हो, चाहे बड़ी जाति हो। हरेक पर देश को स्वतन्त्र कराने का भूत सवार है। इससे क्या? वह बीरबल सिंह सरदार उधमसिंह को अपना आदर्श मानता है। मानता रहे।

दीवान : *(नेत्र फैलाकर)* सरदार उधमसिंह!

इंस्पेक्टर : हुकुम। वही उधमसिंह जिसने भारत के तत्कालीन लेफ्टिनेंट गवर्नर जनरल माइकेल ओ. डायर की सरेआम गोली मार कर हत्या कर दी थी। उसी के देश इंग्लैण्ड में जाकर।

दीवान : *(होंठ से होंठ काटकर)* अरे! अरे! तब तो बीरबल बड़ा ख़तरनाक है। *(हाथ में पकड़े बेंत को अपनी हथेली पर मार कर)* इंस्पेक्टर, मेरी समझ में नहीं आता, ऐसा विद्रोही जेल से बाहर है?

इंस्पेक्टर : हुकुम। हमने खूब कोशिशें कीं उसे पकड़ने की। एक बार तो दो-तीन सिपाहियों को धक्का मारकर भाग खड़ा हुआ।

दीवान : *(गुस्सा कर बेंत ठठकारते हुए)* गोली मार देते?

इंस्पेक्टर : हुकुम।

दीवान : *(एकाएक उधर देखकर)* 'इंकलाब ज़िन्दाबाद' की आवाज़ें आ रही हैं। 'झण्डा ऊँचा रहे हमारा' की गूँज होने लगी है। राजादेश की सरासर अवहेलना हुई, न!

इंस्पेक्टर : स्टेशन पर तैनात सिपाहियों को निर्देशित किया हुआ है कि ट्रेन से उतरने वाले निहत्थे लोगों को सम्मेलन में भाग लेने के लिए जाने दिया जाये।

दीवान : *(बेंत अपनी हथेली पर मार कर आँखें घुमा कर क्रोधित मुद्रा में)* अरे, इंस्पेक्टर!

इंस्पेक्टर : *(सहमकर)* जी हुकुम।

दीवान : ख़ुफिया विभाग के इंस्पेक्टर होकर भी बचकानी बातें करते हो? नारे लग रहे हैं न, 'झण्डा ऊँचा रहे हमारा'। जिसके हाथ में झण्डा है, निहत्था हुआ? झण्डे की इस ताकत ने ही तो हमारी बन्दूकों को भोथरा कर दिया है।

इंस्पेक्टर : हुकुम, आप बिलकुल निश्चिन्त रहें। पुलिस जाब्ता लगा रखा है। जिस हाथ में झण्डा होगा, उसे तोड़ दिया जायेगा।

दीवान : *(अफसोस)* बढ़ती उग्रता के इस विकट समय में प्रजामण्डल को मजमा लगाने की इजाजत देकर हमने अपने पैरों पर कुल्हाड़ी मार ली है।

(आवाज़ें और ऊँची होने लगती हैं।)

दीवान : *(सामने की ओर देखकर)* प्रतीत होता है, उपद्रव उठ खड़ा हुआ है। मारने-पीटने, चिल्लाने-कराहने की आवाज़ें आ रही हैं। 'झण्डा ऊँचा रहे हमारा' की नारेबाजी और उग्र होने लगी है। यह तो हमारे आदेश की खिल्ली उड़ाना और अंग्रेज़ीराज को सरासर चुनौती देना हुआ न?

इंस्पेक्टर : *(पिस्तौल हाथ में लेकर)* हुकुम, कुछ खुराफ़ाती लोगों के हाथ में झण्डे होंगे। पुलिस उनको मारती-पीटती-घसीटती गेस्ट हाउस की तरफ़ ला रही है। दो-तीन कमरों को जेल में बदला हुआ है।

दीवान : *(उधर देखकर)* इंस्पेक्टर देखो-देखो। उधर देखो, शोर इधर ही बढ़ता आ रहा है।

(दो सिपाही प्रजामण्डल के चार कार्यकर्ताओं को मारते-पीटते मंच पर लाते हैं। एक के हाथ पर चोट है। दूसरा लँगड़ा रहा है। तीसरे के मुँह से ख़ून बह रहा है। चौथा अपने सिर को पकड़े हुए है।)

एक व्यक्ति : *(मुट्ठी भींचकर)* आज़ादी मिलने तक लड़ेंगे, हम। आख़िरी साँस तक लड़ेंगे, हम। *(वह अपना लहू सना मुँह पोंछने लगता है।)*

दीवान : *(इंस्पेक्टर से)* इंस्पेक्टर ये तो बड़ा उत्पाती बन्दा है। राज का भय तो जैसे छू तक नहीं गया है, इसे। *(ग़ुस्साकर)* एक काम करो, तुम।

इंस्पेक्टर : फरमाएँ हुज़ूर।

दीवान : तीन को तो जेल में बन्द कर दो।

इंस्पेक्टर : *(हाथ में थामी पिस्तौल की ओर देखकर)* जी हुज़ूर।

दीवान : जिसने हाथ ऊँचा कर के यह नारा लगाया है न 'अन्तिम साँस तक लड़ेंगे।'

इंस्पेक्टर : हुकुम।

दीवान : *(अपना बेंत ठठकारकर)* उसकी क़मीज उतरवाकर दूर रख दो। जब बेंत पड़ेगी, साँस लेना भूल जायेगा। *(क्रान्तिकारी की क़मीज उतरवा कर उसे अर्द्धनग्न खड़ा कर दिया जाता है। दीवान और इंस्पेक्टर दोनों अपनी-अपनी कुर्सी से उठ खड़े होते हैं। दीवान अपना बेंत सँभाल लेता है। इंस्पेक्टर पिस्तौल तानकर मुस्तैद हो जाता है। दीवान एक के बाद एक तीन बेंत क्रान्तिकारी की नंगी पीठ पर मारता है। उसकी चमड़ी उधड़ जाती है, परन्तु उफ्फ तक नहीं करता है। उसे जेल की ओर ले जाया जाता है। दीवान और इंस्पेक्टर पुन: अपनी-अपनी कुर्सी पर बैठ जाते हैं।)*

दीवान : *(बेंत को अपनी कुर्सी के पास खड़ाकर, हथेली से हथेली मसलते हुए ज़ोर से)* इस गद्दार को पानी तक मत पिलाना, भले मर जाये, स्साला।

पटाक्षेप

दृश्य परिवर्तन

(मंच पर सत्यनारायण सर्राफ़, अचितराय, रामदयाल वैद्य और बीरबल सिंह जीनगर बैठे नज़र आते हैं। सामने बैठे आज़ादी के दीवाने उनको सुनने को इच्छुक हैं। सत्यनारायण सर्राफ़ और अन्य साथी बीरबल सिंह के द्वारा लाये गये तिरंगे को, जो बाँस के ऊँचे सिरे से बँधा हुआ है, रस्सी खींचकर फहरा देते हैं। 'झण्डा ऊँचा रहे हमारा', 'इंकलाब ज़िन्दाबाद', 'महात्मा गांधी की जय' के नारे गूँज उठते हैं। सर्राफ़ अपना भाषण देने के लिए सामने आते हैं।)

सर्राफ : *(दोनों हाथ ऊपर उठाकर)* देशप्रेम का जज़्बा रखने वाले मेरे क्रान्तिकारी साथियों! आप सबके एकजुट संघर्ष, हौसले, ताकत और देश के लिए कुछ कर-गुज़रने की जिद के कारण आज़ादी की मुहिम अपने अन्तिम चरण तक पहुँच गयी है। अंग्रेज़ीराज अपने बोरी-बिस्तर बाँधने पर मजबूर होने लगा है। देश के गद्दारों की साँसें फूलने लगी हैं। आज़ादी का सूरज निकलने वाला है। वक़्त कम है। अन्त में मैं यही कहना चाहूँगा कि सौ वर्ष के ग़ुलाम जीवन से चार दिन की आज़ाद ज़िन्दगी बेहतर है। अब मैं नौजवान क्रान्तिकारी साथी बीरबल सिंह जीनगर से आग्रह करता हूँ कि वे अपने उद्गार और झण्डे पर लिखा अपना गीत प्रस्तुत करें। आज़ाद हिन्द सेना में कर्नल रहे अमर बहादुर सिंह अभी-अभी पधारे हैं। वे भी अपने क्रान्तिकारी विचारों से हमें प्रेरित करेंगे। 'इंकलाब ज़िन्दाबाद।'

बीरबल सिंह : *(हाथ में झण्डा लिए सामने आकर)* साथियों! हमारे अग्रज सर्राफ़ जी ने बताया कि आज़ादी की जंग अपने

मुकाम तक पहुँचने वाली है, लेकिन मैं आप सब को यह चेता देना चाहता हूँ कि फिरंगी बड़ी शातिर कौम है। मैं आह्वान करता हूँ कि पूर्ण स्वतन्त्रता मिलने तक हमारा संघर्ष अनवरत जारी रहेगा। *(झण्डा थामा हाथ ऊपर उठाकर)* मैं शपथपूर्वक संकल्प लेता हूँ कि आज़ादी मिलने तक तिरंगे की शान में जिऊँगा, तिरंगे की शान में मरूँगा। तिरंगा हाथ में लिए कूद-कूद कर गाना गाते हुए–

यह तिरंगा है अपना
सपना है अपना
देश अपना आज़ाद होगा
लुटा चमन आबाद होगा
निशदिन यही है जपना
यह तिरंगा है अपना
सपना है अपना।

ग़ुलामी मौत की निशानी है
जन-जन की ज़ुबानी है
आज़ादी हमने ठानी है
होगा कण-कण अपना
यह तिरंगा है अपना
सपना है अपना।

हम करके दिखायेंगे
राज अपना लायेंगे
आह्वान है अपना
यह तिरंगा है अपना
सपना है अपना।
(पार्श्व से चिल्ला-चिल्लाकर बोलने की आवाज़ आती है।)

आवाज़ : रायसिंह नगर के स्टेशन पर ट्रेन से उतरते हुए हमारे कुछ साथियों के साथ घोर अन्याय हुआ है। जिनके हाथ में झण्डे थे, उनको मारा-पीटा गया है। रेस्ट हाउस ले जाकर उन पर बेरहमी से बेंत मारे गये और जेलखाने में बन्द कर दिया गया है।

बीरबल सिंह : *(हाथ में पकड़ा झण्डा ऊँचा उठाकर आक्रोशित)* क्रान्तिकारी साथियों! आओ। 'करो या मरो' का समय आ गया है। अंग्रेज़ीराज के अत्याचारों का मुक़ाबला करने के लिए देश की माटी हमें बुला रही है। भले बलिदान हो जायें, लेकिन क़दम पीछे नहीं हटे। 'इंकलाब ज़िन्दाबाद।' 'इंकलाब ज़िन्दाबाद।'

(बीरबल सिंह झण्डे सहित मंच से कूद पड़ते हैं। 'जिन्दाबाद' के नारों से आकाश गूँजने लगता है। क्रान्तिकारियों का कारवां रेस्ट हाउस की ओर बढ़ता है।)

पटाक्षेप

दृश्य परिवर्तन

(दीवान और इंस्पेक्टर पूर्ववत बैठे नज़र आते हैं।)

दीवान : *(इंस्पेक्टर से)* बेकाबू भीड़ नारे लगाती हुई इधर ही बढ़ी आ रही है। समुद्र के उफान और भीड़ की उमड़ की कूत नहीं होती। कहीं हमारे मन्सूबों पर पानी न फेर दें और अपने साथियों को छुड़ा ले जायें।

इंस्पेक्टर : जी, हुकुम। पूरा अन्देशा था इस बात का। मैंने सैनिक कैम्प वायरलेस कर सैनिकों की छह बख़्तरबन्द टुकड़ी बुला ली है। राज के सिपाही और अंग्रेज़ों के सैनिक बन्दूकें लिए चारों ओर मोर्चा सँभाले खड़े हैं।

दीवान : *(इधर-उधर देखकर)* इंस्पेक्टर, शोरगुल तो बेरोक-टोक इधर ही बढ़ा आ रहा है। *(भीड़ की ओर देखकर)* लोगों के हाथों में झण्डे हैं। 'झण्डा ऊँचा रहे हमारा' के गगनभेदी नारे लगते आ रहे हैं।

इंस्पेक्टर : जी, हुज़ूर। मैंने कहा न आपसे। भीड़ को भय का पर्याय माना गया है। जब गोलियाँ बरसेंगी, एक-एक सिर पर पैर रख कर भाग खड़ा होगा।

दीवान : *(माथे पर हथेली रख सामने देखते हुए)* सामने देखो, वह हट्टा-कट्टा नौजवान, जिसका एक हाथ मूँछों पर है और दूसरे हाथ में थामा झण्डा ऊँचा है, कौन है वह उपद्रवी?

इंस्पेक्टर : हुज़ूर। वही तो है बीरबल सिंह जीनगर। पहलवानी करता है। कसरती बदन है। प्रजामण्डल का कर्मठ कार्यकर्ता है। इसके घर पर क्रान्तिकारियों का जमावड़ा बना रहता है। इसकी पत्नी भी पक्की क्रान्तिकारी है, पूरा साथ देती है।

दीवान : *(आँखों की ओर घूरते हुए)* इतना ओज! इतना स्वाभिमान!

('इंकलाब ज़िन्दाबाद', 'झण्डा ऊँचा रहे हमारा' के नारों के साथ क्रान्तिकारी बढ़ते आते हैं।)

(पर्दे के पीछे से एक सैनिक की चेतावनी देती आवाज़ आती है।)

सैनिक : रुक जाओ। मैं कहता हूँ, वहीं रुक जाओ। अपना-अपना झण्डा नीचे पटक दो। वर्ना एक-एक को गोली से भून दिया जायेगा। मैं कहता हूँ, रुक जाओ, वहीं।

(सैनिक की खुली चेतावनी के बावजूद देशप्रेमियों का कारवाँ निडरता से आगे बढ़ता आता है। बीरबल सिंह और उनके दो-तीन साथी नारे लगाते हुए मंच पर पहुँच जाते हैं।)

बीरबल सिंह : *(झण्डा ऊपर उठाकर)* प्रजामण्डल के हमारे कार्यकर्ताओं को जेल से रिहा करो, रिहा करो।

इंस्पेक्टर : *(बीरबल सिंह के हाथ से झण्डा छीनते हुए)* यह झण्डा मुझे दो और अपने इन पागल साथियों से भी कहो, अपना-अपना झण्डा फेंक दो। हाथ में झण्डा रखना मुख़ालफ़त है।

बीरबल सिंह : *(धक्का मारकर)* अरे ओ देश के दुश्मन! दूर हट जा, झण्डा हमारे देश की शान है। गद्दार के हाथों सौंप दूँ, इसे?

(दीवान और इंस्पेक्टर बीरबल की ओर क्रोधभरी आँखों देखकर एक सिपाही की ओर आदेश करने वाली निगाहों से देखने लगते हैं। सिपाही बीरबल सिंह के झण्डा उठाये हाथ पर लाठी का तीक्ष्ण प्रहार करता है। उनकी भुजा का माँस फट जाता है, लेकिन झण्डा ऊँचा ही रहता है। धाँय...धाँय...धाँय...एक के बाद एक दागी गयी तीन गोलियाँ बीरबल सिंह की दायीं जाँघ में धँस जाती हैं। वह वहीं गिर पड़ते हैं। झण्डा यथावत उठाये रहते हैं। सरदार स्वर्णसिंह और चौदह वर्ष का एक बालक भी गोलियाँ लगने से घायल हो

जाते हैं। उनको अस्पताल ले जाने दिया जाता है। गोलियों से छलनी बीरबल सिंह को साथी अस्पताल ले जाने के लिए तैयार होते हैं।)

इंस्पेक्टर : *(पिस्तौल तानकर)* इसे कोई भी अस्पताल नहीं ले जायेगा। वर्ना गोली मार दूँगा। इस दुर्दान्त उपद्रवी को तड़प-तड़पकर मरने दो यहीं।

(बीरबल सिंह को मरणासन्न देख दीवान और इंस्पेक्टर मंच छोड़ देते हैं। बीरबल सिंह को दीवान की कुर्सी पर बैठा दिया जाता है और उनकी ज़ख्मी जाँघ इंस्पेक्टर की कुर्सी पर रख दी जाती है। फ़र्श पर बहते लहू को देखकर एक कार्यकर्ता तसला उठा लाता है। लहू टपकती जाँघ के नीचे तसला रख दिया जाता है। बहते ख़ून से तसला भरने लगता है। रक्तविहीन होता बीरबल सिंह का शरीर सफ़ेद पड़ने लगता है।)

बीरबल सिंह : *(झण्डा थामा हाथ ऊँचा उठाकर)* जिस तरह मेरा लहू बहा है न, अंग्रेज़ीराज का भी लहू बहेगा। देश आज़ाद होगा। ज़रूर होगा। झण्डा फहराया जायेगा। 'इंकलाब ज़िन्दाबाद।' 'वंदे मातरम'।

(एकाएक मूलीदेवी मंच पर आती है और अपने शहीद पति को बाँहों में भर लेती है।)

कर्नल अमर बहादुर सिंह : *(बीरबल सिंह की पीठ थपथपा कर गमगीन मुद्रा में)* मातृभूमि को अपने प्राणों से भी प्रिय मानने वाला सपूत अब उसी की गोद में समा गया है। उसकी क़ुर्बानी देश के काम आयी। देखो-देखो, वीरगति प्राप्त हो जाने के पश्चात भी हाथ में थामा झण्डा ऊँचा है। शाबाश! देश को ऐसे ही जाँबाज़ों की ज़रूरत है, आज। *(सबसे)* अमर शहीद बीरबल सिंह के पार्थिव शरीर को तिरंगे में लपेट कर जुलूस निकाला जायेगा। *(बीरबल सिंह का माथा छू कर)* मैं शहीद की सौगन्ध खाकर कहना

चाहता हूँ कि फिरंगियों सुन लो, कान खोलकर सुन लो। हे देश के गद्दारों सुन लो, कान खोलकर सुन लो। बीरबल सिंह का लहू देश की आज़ादी के रूप में बदलेगा।

मूलीदेवी : *(बीरबल सिंह के माथे पर हाथ फेरकर)* मैं अपने पति को कन्धा देती हुई श्मशान तक चलूँगी और उन्हें मुखाग्नि दूँगी।

(मूलीदेवी की आँखों से आँसू बहने लगते हैं। आँसू पति के वियोग में नहीं, मातृभूमि के लिए उनके शहीद होने की ख़ुशी में हैं।)

कर्नल अमर बहादुर सिंह : *(हाथ ऊपर उठाकर)* शहीद बीरबल सिंह!

सब : अमर रहे!

कर्नल अमर बहादुर सिंह : शहीद बीरबल सिंह।

मूलीदेवी : *(सबके साथ हाथ ऊपर उठाकर)* अमर रहे! अमर रहे!

पर्दा गिरता है।

❑❑